Natrium

ist in ganz normalem Kochsalz enthalten und regelt zusammen mit dem Mineralstoff Kalium den Wasserhaushalt des Körpers: Natrium speichert, Kalium schwemmt aus. Es ist also wichtig, diese beiden Mineralstoffe in der Nahrung so zusammenzustellen, daß sie sich in einem günstigen Gleichgewicht befinden und vor allem, daß der Natriumanteil nicht zu hoch ist. Die meisten von uns essen viel zu viel Salz, was zu Bluthochdruck führen kann.

In diesem Buch finden Sie deshalb nur salzarme Gerichte, die für alle geeignet sind, die mit Salz sparen möchten oder müssen. Darüber hinaus erfahren Sie alles Wissenswerte über Natrium. Lesen Sie dazu bitte auch den »Wichtigen Hinweis« auf Seite 64.

Natrium regelt zusammen mit dem Mineralstoff Kalium den Wasserhaushalt des Körpers. Dabei speichert Natrium das Wasser, während Kalium es ausschwemmt. Natrium ist also nicht etwa »schädlich« und sollte deshalb gemieden werden, sondern es ist sogar lebensnotwendig. Wichtig ist nur, beide Mineralstoffe in einem Gleichgewicht aufzunehmen. Der beste und einfachste Weg dazu ist, mit Salz zu sparen. Denn Natrium ist Bestandteil von Kochsalz (NaCl). Und mit jedem Körnchen Salz, das Sie über Ihr Essen streuen, erhöhen Sie auch die Natriumzufuhr. In Zahlen ausgedrückt: 1 g Kochsalz entspricht einer Natriummenge von 400 mg. Es geht beim Natrium also immer um das Zuviel, nicht um das Zuwenig. Denn Natriummangel kommt bei uns praktisch nicht vor: Wenn Sie gesund sind, können Sie auch ganz aufs Salzen verzichten und vorwiegend Lebensmittel essen, die Ihnen wenig Natrium liefern – also Gemüse, Obst, Getreide, Hülsenfrüchte, Milch und Milchprodukte. Dann brauchen Sie auch mit natriumreicheren Lebensmitteln wie Käse und Brot nicht zu sparen. Sie sollten Ihren täglichen Speiseplan sogar damit ergänzen – Tips dazu finden Sie in den Tagesplänen auf Seite 60 und 61. Denn Käse braucht der Körper als Calciumquelle, Brot als Ballaststofflieferanten. Deshalb ist es so wichtig, sich abwechslungsreich zu ernähren – selbst wenn Sie aus gesundheitlichen Gründen salzarm essen sollten.

Zuviel Salz schadet

Pro Tag verbraucht der statistische »Durchschnitts«-Bundesbürger etwa 11,5 g Kochsalz. Das entspricht einer Menge von 4600 mg Natrium. Zum Teil bekommen wir Salz, ohne es zu merken: Wurst, Schinken, Räucherfisch, Schmelzkäse, Camembert, Brie, Tilsiter, manche Brotsorten, herzhafte Knabberartikel und die meisten Fertiggerichte sind mehr oder weniger stark gesalzen. Oft merken wir das gar nicht mehr, denn wir sind daran gewöhnt. Der Rest der »Tagesration« kommt aus dem Salzstreuer – sei es schon in der Küche beim Kochen, sei es bei Tisch, wo viele Menschen aus reiner Gewohnheit einfach nachsalzen.
Dieses Zuviel an Salz ist – neben Übergewicht und reichlich tierischem Fett – eine wesentliche Ursache für Bluthochdruck. Deshalb raten Ernährungswissenschaftler und Ärzte nicht nur die Kochsalzmenge, sondern auch die natriumreichen Produkte in unserer Ernährung zu reduzieren. Und dafür mehr kaliumreiche Lebensmittel wie Gemüse, Hülsenfrüchte, Obst und frischen Fisch zu essen. Eine natriumarme, aber kaliumreiche Ernährung ist nämlich das beste und einfachste Mittel, den Blutdruck ein Leben lang auf dem normalen und gesunden Maß zu halten. Außerdem schafft eine solche Ernährung in den meisten Fällen auch Abhilfe bei schon bestehendem Bluthochdruck.

Wieviel Salz darf es sein?

Ideal sind 5 g pro Tag. Doch auch 7 g Salz schaden gesunden Menschen nicht. Bedenken Sie bitte: Diese Mengen errechnen sich aus drei Gewichtsanteilen:

- dem natürlichen Salzgehalt von Lebensmitteln – 100 g Schweinefilet zum Beispiel enthalten mehr Natrium und damit auch mehr Kochsalz als 100 g Tomaten;
- der Salzmenge, die beim Verarbeiten und/oder Herstellen den Lebensmitteln zugefügt wird: 100 g Räucheraal enthalten etwa achtmal soviel Natrium wie dieselbe Menge frischer Aal;
- dem Salz, das Sie selbst beim Kochen oder beim Nachsalzen zufügen.

Wenn Sie selbst ausrechnen wollen, wieviel Natrium Sie täglich aufnehmen, machen Sie es so: Mit Hilfe einer Nährwerttabelle – zum Beispiel von GU – können Sie den Natriumgehalt der Lebensmitteln, die Sie essen, selbst zusammenzählen. Und mit Hilfe einer Briefwaage ermitteln Sie dazu die Kochsalzmenge, die Sie zusätzlich pro Tag verbrauchen: 1 g Kochsalz enthält 400 mg Natrium. Wenn Sie dabei auf etwa 2400 mg Natrium pro Tag kommen, liegen Sie nach Empfehlungen von Experten genau richtig.

Salz sparen, aber wie?

Angenommen, Sie sind gesund, Ihr Blutdruck ist in Ordnung und Sie haben sich einfach entschlossen, weniger Salz zu essen. Dann lassen Sie sich genügend Zeit zum Eingewöhnen. Denn mit Salz ist es ähnlich wie mit Zucker: Der Mensch gewöhnt sich ganz schnell daran. Aber er sieht leider nicht so schnell ein, was denn an der kräftig gesalzenen, kroß gebratenen Schweinebratenkruste so ungesund sein soll.
Nehmen Sie sich also lieber gar nicht erst vor, das Tomatenbrot ab heute ohne Salz zu essen, denn das schmeckt Ihnen vermutlich nicht. Und nach einer Zeit der Kasteiung salzen Sie vielleicht sogar mehr als vorher. Versuchen Sie einfach mal, wieviel Salz Sie fürs Schnitzel brauchen, damit's noch gut schmeckt. Ob Sie den Salat tatsächlich nachsalzen müssen. Oder ob Sie ihn nicht sogar lieber mögen, wenn Sie die kräftige Prise Salz durch eine große Portion frisch gehackte Kräuter ersetzen.
Im Laufe der Zeit reduziert sich die Salzmenge dann von selbst –, ohne daß Sie es merken und ohne daß Sie sich Zwang antun müssen. Ähnliches gilt natürlich, wenn Sie auch andere Menschen davon überzeugen wollen, daß weniger Salz nicht weniger Geschmack, sondern mehr Gesundheit bedeutet: Die Nudeln von heute an ohne Salz zu kochen und den Salzstreuer vom Tisch zu verbannen, schafft höchstens Unmut in der Familie, bestimmt keine Einsicht. Verringern Sie lieber Schritt für Schritt die Salzmengen und würzen Sie statt dessen kräftiger mit Kräutern und Gewürzen.
Wenn Sie allerdings aus gesundheitlichen Gründen den Salzkonsum reduzieren müssen, sollten Sie das rascher tun. Helfen Sie sich einfach mit einem Trick: Im Reformhaus gibt es eine breite Palette natriumarmer und streng natriumarmer Produkte – Salz, Brühen, Brot, Käse und Würzmittel wie zum Beispiel Senf. Einige davon finden Sie auch in den Rezepten dieses Buches: Denn 5 g streng natriumarmes Salz enthalten nur 2 mg Natrium – im Gegensatz zu etwa 2000 mg bei normalem Kochsalz.
Als zusätzliche Hilfe finden Sie bei den Rezepten auch wichtige Wertmarken wie »kalorienarm«, »kaliumreich« oder »ohne tierisches Fett«. Denn so sollten Sie essen, wenn Sie an Bluthochdruck leiden und/oder ein paar Kilo zuviel wiegen.

Nützliche Tips auf einen Blick

- Verwenden Sie viele aromatische Lebensmittel wie frische Kräuter und Gewürze;
- mischen Sie Rohkost und Salat mit Obst, dann brauchen Sie kein Salz;
- essen Sie pro Woche nicht mehr als 200 g Räucherfisch oder andere Fischdauerwaren wie zum Beispiel Hering, Krabben oder Krebse in Dosen, Bismarckhering, Rollmops, Räucherlachs und Ölsardinen;
- essen Sie zusätzlich zum Fisch pro Woche höchstens 100 g Wurst, Schinken, Corned Beef und andere Fleisch- oder Wurstwaren in Dosen;
- lesen Sie bei allem, was abgepackt ist, also zum Beispiel bei Fertiggerichten und Fertigprodukten, bei Gemüsekonserven und Essiggurken, Oliven und eingelegten Peperoni die Zutatenliste: je weiter vorne das Salz steht, desto mehr davon ist drin;
- lassen Sie Knabberartikel wie Kartoffelchips, Salzstangen und ähnliches so oft wie möglich weg;
- Instant-Brühen und Würzsaucen wie zum Beispiel Sojasauce sind bereits gesalzen. Wenn Sie damit kochen, brauchen Sie kein zusätzliches Salz;
- wer fleischarm oder vegetarisch ißt, braucht mit natriumreichen Lebensmitteln wie Käse und Brot nicht zu sparen;
- kochen Sie Reis wie die Asiaten – ohne Salz;
- garen Sie auch Gemüse und Kartoffeln ohne Salz; gewürzt wird erst unmittelbar vor dem Servieren;
- beim Essen erst probieren und schmecken, ob wirklich Salz fehlt.

Natriumgehalt wichtiger Lebensmittel

Gemüse und Obst, Kartoffeln und Hülsenfrüchte, Nüsse und Samen, ganze Getreidekörner und Mehl finden Sie in der Tabelle nicht: Alle diese Lebensmittel enthalten so wenig Natrium, daß sie bei der Berechnung des täglichen Speiseplanes nicht ins Gewicht fallen.

Lebensmittel	Natrium	Kilojoule	Kilokalorien
Milch, Milchprodukte, Fett und Eier (je 100 g)			
Milch (3,5 % Fett)	48 mg	267 kJ	64 kcal
Dickmilch, Joghurt, Kefir (3,5 % Fett)	48 mg	254 kJ	61 kcal
Kaffeesahne (10 % Fett)	40 mg	516 kJ	123 kcal
Sahne (30 % Fett)	34 mg	1291 kJ	309 kcal
Saure Sahne	58 mg	490 kJ	117 kcal
Crème fraîche (40 % Fett)	39 mg	1582 kJ	378 kcal
Doppelrahmfrischkäse (60 %)	375 mg	1375 kJ	329 kcal
Magerquark	40 mg	304 kJ	73 kcal
Speisequark (20 % Fett)	35 mg	458 kJ	110 kcal
Margarine	101 mg	3023 kJ	722 kcal
Butter	5 mg	3156 kJ	754 kcal
Brot und Nudeln (je 100 g)			
Roggenmischbrot	537 mg	940 kJ	225 kcal
Roggenvollkornbrot	527 mg	864 kJ	206 kcal
Weißbrot	540 mg	995 kJ	238 kcal
Weizenvollkornbrot	380 mg	870 kJ	208 kcal
Weizentoastbrot	551 mg	1097 kJ	262 kcal
Knäckebrot	463 mg	1327 kJ	318 kcal
Pumpernickel	569 mg	840 kJ	201 kcal
Zwieback	265 mg	1596 kJ	380 kcal
Eier-Nudeln	17 mg	1451 kJ	347 kcal
Fisch (je 100 g)			
Forelle	40 mg	428 kJ	102 kcal
Goldbarsch (Rotbarsch)	80 mg	440 kJ	105 kcal
Hering	117 mg	842 kJ	201 kcal
Kabeljau (Dorsch)	72 mg	306 kJ	73 kcal
Makrele	95 mg	751 kJ	180 kcal
Schellfisch	116 mg	303 kJ	73 kcal
Scholle	104 mg	316 kJ	76 kcal
Seelachs	81 mg	336 kJ	80 kcal
Thunfisch in Öl	361 mg	1185 kJ	283 kcal
Geflügel, Fleisch, Wurstwaren (je 100 g)			
Hühnerbrüstchen	66 mg	415 kJ	99 kcal
Putenbrust	46 mg	441 kJ	105 kcal
Lammkeule	78 mg	979 kJ	234 kcal
Lammkotelett	90 mg	1454 kJ	348 kcal
Rinderfilet	51 mg	487 kJ	116 kcal
Schweinefilet	74 mg	759 kJ	182 kcal
Fleischwurst	829 mg	1241 kJ	297 kcal
Salami	1260 mg	2169 kJ	519 kcal
Schinken, roh	1400 mg	1601 kJ	383 kcal

Milch, Quark und Frischkäse sind natriumarm und calciumreich

Mit natriumreichem Brot und mit Nudeln lieber sparen

Frischfleisch und Fisch enthalten weniger Natrium als Geräuchertes

Zucchinisalat mit Tomaten und Pilzen

Zutaten für 4 Personen:
50 ccm kalte Gemüsebrühe (Rezept Seite 20 oder natriumarme Instant-Brühe)
1 Teel. natriumarmer Senf
1 Eßl. milder Obstessig
Cayennepfeffer
3 Eßl. Maiskeimöl
300 g Zucchini
2 Tomaten (etwa 200 g)
100 g Champignons
1 Bund Schnittlauch
eventuell einige Kerbelblättchen
1 Eßl. ungesalzene Pistazienkerne

Kalorienarm
Ohne tierisches Fett

Zubereitungszeit: etwa 35 Min.

Pro Portion etwa:
500 kJ/120 kcal
4 g EW · 10 g F · 4 g KH
• 23 mg Natrium

1. Für die Salatsauce die Gemüsebrühe mit dem Senf, dem Essig, 1 kräftigen Prise Cayennepfeffer und dem Öl verrühren.

2. Die Zucchini und die Tomaten waschen und abtrocknen. Die Zucchini von den Stiel- und Blütenansätzen befreien und grob raspeln. Die Tomaten würfeln, dabei die Stielansätze entfernen. Die Pilze putzen und blättrig schneiden. Den Schnittlauch und eventuell den Kerbel waschen, trockentupfen und fein zerkleinern.

3. Alle diese Zutaten mit der Salatsauce vermischen und auf Tellern verteilen. Die Pistazienkerne hacken und darüber streuen.

Marinierte Linsen mit gebratenen Pilzen

Zutaten für 4 Personen:
100 g Linsen
¼ l Gemüsebrühe (Rezept Seite 20 oder natriumarme Instant-Brühe)
2 Eßl. milder Kräuteressig
3 Eßl. Distelöl
200 g Austernpilze
1 Frühlingszwiebel
1 Knoblauchzehe
1 Bund Basilikum
schwarzer Pfeffer, frisch gemahlen

Raffiniert
Ohne tierisches Fett

Zubereitungszeit: etwa 1¼ Std.

Pro Portion etwa:
720 kJ/170 kcal
8 g EW · 8 g F · 15 g KH
• 11 mg Natrium

1. Die Linsen mit der Gemüsebrühe aufkochen, dann zugedeckt bei schwacher Hitze in etwa 1 Stunde weich garen.

2. Die gegarten Linsen in eine Schüssel geben, mit dem Essig und 1 Eßlöffel Öl mischen und lauwarm abkühlen lassen.

3. Von den Austernpilzen die Strünke abschneiden, und würfeln.

4. Das restliche Öl in einer Pfanne erhitzen. Die Pilzhüte und die Strünke darin bei schwacher bis mittlerer Hitze unter häufigem Wenden etwa 5 Minuten braten, bis sie leicht gebräunt sind.

5. Inzwischen die Frühlingszwiebel putzen, den Knoblauch schälen und das Basilikum waschen. Alle diese Zutaten hacken.

6. Die zerkleinerten Zutaten und reichlich Pfeffer unter die Linsen mischen. Die Linsen auf Portionstellern verteilen und mit den gebratenen Pilzen belegt servieren.

Im Bild oben:
Zucchinisalat mit Tomaten und Pilzen
Im Bild unten:
Marinierte Linsen mit gebratenen Pilzen

Sojasprossen-salat mit Ananas

Zutaten für 4 Personen:
250 g Sojasprossen
2 Frühlingszwiebeln
300 g frische Ananas
1 Handvoll gemischte frische Kräuter (Petersilie, Kerbel und Zitronenmelisse)
2 Eßl. Zitronensaft
schwarzer Pfeffer, frisch gemahlen
1 Eßl. Maiskeimöl
1 Eßl. Haselnußkerne, fein gehackt

Kalorienarm
Ohne tierisches Fett

Zubereitungszeit: etwa 45 Min.

Pro Portion etwa:
500 kJ/120 kcal
4 g EW · 5 g F · 3 g KH
• 5 mg Natrium

1. Die Sojasprossen auf einem Sieb kalt abspülen und abtropfen lassen. Dann in reichlich sprudelnd kochendem Wasser etwa 3 Minuten kochen, abgießen und abtropfen lassen.

2. Die Frühlingszwiebeln putzen, waschen und mit dem saftigen Grün fein zerkleinern. Die Ananas von der Schale und den »Warzen« befreien und in Stükke schneiden. Dabei den ballaststoffreichen inneren Kern mit verwenden (siehe Tip). Die Kräuter waschen, trockentupfen und zerkleinern.

3. Die Sprossen, die Zwiebeln, die Ananas und die Kräuter in einer Schüssel mit dem Zitronensaft, Pfeffer und dem Öl vermischen. Mit den gehackten Haselnüssen bestreut servieren.

Tip!

Bei natriumarmer Ernährung bekommen Sie weniger Brot und müssen sich deshalb verdauungsfördernde Ballaststoffe aus anderen Lebensmitteln holen. Verwenden Sie also auch wie im Rezept oben den harten Innenkern der Ananas. Äpfel und Birnen am besten mit der Schale essen, Weißkohl, Rotkohl, Wirsing und Blumenkohl mit dem kleingeschnittenen Strunk zubereiten. Öfter mal Salate, Suppen und Gemüse mit Hülsenfrüchten auf den Speisezettel setzen. Rezepte dafür finden Sie auf den Seiten 6, 16 und 23.

Brunnenkresse mit Tofu

Zutaten für 2 Personen:
75 g Brunnenkresse
Saft von ½ Zitrone
1 Eßl. Obstessig
½ Teel. streng natriumarmes Salz
Cayennepfeffer
3 Eßl. Olivenöl
100 g Tofu

Raffiniert
Ohne tierisches Fett

Zubereitungszeit: etwa 45 Min.

Pro Portion etwa:
770 kJ/180 kcal
4 g EW · 17 g F · 3 g KH
• 5 mg Natrium

1. Die Brunnenkresse verlesen, waschen und fein zerkleinern. In einer Schüssel den Zitronensaft mit dem Essig, dem Salz, Cayennepfeffer und 1 Eßlöffel Öl vermischen. Die Brunnenkresse mit der Marinade vermengen und auf Portionstellern verteilen.

2. Den Tofu trockentupfen. Das restliche Öl in einer Pfanne erhitzen. Den Tofu darin bei mittlerer Hitze pro Seite etwa 4 Minuten braten, bis er leicht gebräunt ist.

3. Den Tofu herausnehmen und in dünne Scheiben schneiden. Auf der Brunnenkresse anrichten.

Im Bild oben:
Sojasprossensalat mit Ananas
Im Bild unten:
Brunnenkresse mit Tofu

Rettichsalat mit Äpfeln

Zutaten für 4 Personen:
1 weißer Rettich (etwa 500 g)
1 großes Bund Dill
75 g Haselnußkerne
500 g säuerliche Äpfel (Cox Orange oder Boskoop)
1–2 Eßl. Zitronensaft
weißer Pfeffer, frisch gemahlen
100 g Sahne

Gelingt leicht
Kaliumreich

Zubereitungszeit: etwa 20 Min.

Pro Portion etwa:
1100 kJ/260 kcal
5 g EW · 20 g F · 17 g KH
• 38 mg Natrium

1. Die zarten Rettichblättchen abschneiden und waschen. Den Dill ebenfalls waschen. Beide Zutaten sowie die Haselnüsse hacken und in eine Schüssel geben.

2. Den Rettich schälen und grob raspeln. Die Äpfel gründlich waschen, vierteln, vom Kerngehäuse befreien, schälen und ebenfalls raspeln.

3. Den Rettich und die Äpfel zu der Dillmischung geben. Alles mit dem Zitronensaft, 1 kräftigen Prise Pfeffer und der Sahne vermischen.

Roher Blumenkohlsalat mit Kräutersauce

Zutaten für 4 Personen:
100 g saure Sahne
100 g Crème fraîche
2 Eßl. Kräuteressig
1 Teel. natriumarmer Senf
1 Teel. streng natriumarmes Salz
weißer Pfeffer, frisch gemahlen
1 Teel. Sonnenblumenöl
1 Blumenkohl (etwa 600 g)
2 Frühlingszwiebeln
1 Knoblauchzehe
2 Handvoll gemischte Kräuter (Kerbel, Schnittlauch, Dill, Petersilie, Borretsch und Zitronenmelisse)

Raffiniert • Kaliumreich

Zubereitungszeit: etwa 30 Min.

Pro Portion etwa:
740 kJ/180 kcal
5 g EW · 14 g F · 7 g KH
• 47 mg Natrium

1. Die saure Sahne, die Crème fraîche, den Essig, den Senf, das Salz, Pfeffer und das Öl vermischen.

2. Den Blumenkohl putzen, waschen und mittelfein zerkleinern. Den Strunk dabei mit verwenden. Die Frühlingszwiebeln putzen, waschen, trockentupfen und fein hacken. Den geschälten Knoblauch und die gewaschenen Kräuter fein zerkleinern.

3. Alle diese Zutaten mit der Sauce vermischen. Dazu passen Pellkartoffeln oder Butterbrot.

Weißkohlsalat mit Nüssen

Zutaten für 4 Personen:
100 ccm Gemüsebrühe (Rezept Seite 20 oder natriumarme Instant-Brühe)
1 Eßl. natriumarmer Senf
Saft von ½ Zitrone
4 Eßl. Sonnenblumenöl
3 Eßl. Sahne
Cayennepfeffer
1 Kopf Weißkohl (etwa 600 g)
50 g Haselnußkerne

Gelingt leicht

Zubereitungszeit: etwa 40 Min.

Pro Portion etwa:
950 kJ/230 kcal
4 g EW · 20 g F · 7 g KH
• 20 mg Natrium

1. Die Brühe mit dem Senf, dem Zitronensaft, dem Öl und der Sahne verrühren und mit Cayennepfeffer kräftig würzen.

2. Den Kohl achteln, von den welken äußeren Blättern befreien, waschen, trockenschwenken und fein hobeln. Die Nüsse hacken.

3. Den Kohl und die Nüsse mit der Salatsauce vermischen und vor dem Servieren etwa 15 Minuten ziehen lassen.

Rotkohlsalat mit Orangen

Zutaten für 4 Personen:
1 kleiner Kopf Rotkohl (etwa 400 g)
500 g Orangen
1 Eßl. Essig
½ Teel. Honig
je ½ Teel. gemahlener Koriander und Ingwer
Cayennepfeffer
100 g Joghurt
1 Eßl. Crème fraîche
3 Eßl. Maiskeimöl
1 Eßl. Sonnenblumenkerne

Raffiniert

Zubereitungszeit: etwa 30 Min.

Pro Portion etwa:
820 kJ/200 kcal
4 g EW · 15 g F · 12 g KH
• 20 mg Natrium

1. Den Rotkohl achteln, von den welken äußeren Blättern befreien, waschen, trockenschwenken und fein hobeln. Die Orangen schälen und in Stücke schneiden, den Saft dabei auffangen.

2. Für die Salatsauce den aufgefangenen Orangensaft mit dem Essig, dem Honig, dem Koriander, dem Ingwer, Cayennepfeffer, dem Joghurt, der Crème fraîche und dem Öl verrühren.

3. Den Rotkohl und die Orangen mit der Salatsauce mischen. Den Salat mit den Sonnenblumenkernen bestreut anrichten.

Tip!

Salzarmes Essen verlangt nach pikanter Würze. Deshalb sollten Sie sich eine Reihe von Gewürzen anschaffen, die Sie vielleicht bisher noch nicht so häufig in der Küche verwendet haben: zum Beispiel so Exotisches wie Koriander, Nelkenpfeffer oder Piment, Ingwer, Gelbwurz, Kreuzkümmel, Safran, Bockshornklee, Anis- und Fenchelsamen. All dies gibt es in Reformhäusern, gut sortierten Supermärkten und Asienläden zu kaufen. Wenn Sie nicht immer selbst mischen wollen, tut's auch fertig gekauftes Currypulver. Wechseln Sie ruhig auch mal die Pfeffersorten: weißer Pfeffer ist mild und sehr aromatisch, schwarzer schärfer und grüner leicht fruchtig. Besonders gut schmecken frische grüne Pfefferkörner, die Sie ebenfalls in Asienläden und auf manchen Märkten bekommen. Am schärfsten würzen Sie mit Cayennepfeffer sowie frischen oder getrockneten Pfefferschoten.

Chicoréesalat mit Weintrauben

Zutaten für 4 Personen:
600 g Chicorée
300 g weiße und blaue Weintrauben gemischt (möglichst kernlos)
1 Bund Dill
100 g Magerjoghurt
50 g Crème fraîche
2 Eßl. Himbeeressig
schwarzer Pfeffer, frisch gemahlen
1 Teel. Olivenöl

Kaliumreich

Zubereitungszeit: etwa 20 Min.

Pro Portion etwa:
590 kJ/140 kcal
4 g EW · 7 g F · 16 g KH
• 26 mg Natrium

1. Den Chicorée von den welken äußeren Blättern befreien, längs halbieren, waschen und trockenschwenken. Den Strunk herausschneiden, die Hälften quer in knapp fingerbreite Streifen schneiden.

2. Die Weintrauben waschen, trockenschwenken, abzupfen und halbieren. Den Dill fein hacken. Beide Zutaten mit dem Chicorée in eine Schüssel geben.

3. Den Joghurt, die Crème fraîche, den Essig, Pfeffer und das Öl mischen und unterheben. Dazu paßt Brot mit Butter und/oder Käse.

Glasnudelsalat mit Pilzen

Zutaten für 2 Personen:
100 g Glasnudeln
100 g frische Shiitake-Pilze
(ersatzweise Champignons)
1 kleine, unbehandelte Zitrone
2 Eßl. Erdnußöl
1 großes Bund Schnittlauch
2 Tomaten (etwa 200 g)
½ Teel. streng natriumarmes Salz
weißer Pfeffer, frisch gemahlen

Kalorienarm

Zubereitungszeit: etwa 30 Min.

Pro Portion etwa:
530 kJ/125 kcal
4 g EW · 1 g F · 3 g KH
• 12 mg Natrium

1. Die Glasnudeln in eine Schüssel geben, mit kochendem Wasser bedecken und etwa 3 Minuten ziehen lassen, bis sie weich sind. Abgießen und wieder in die Schüssel geben. Die Nudeln mit einer Küchenschere grob zerschneiden.

2. Die harten Pilzstiele von den Shiitake entfernen. Die Pilzhüte in Streifen schneiden. Die Zitrone waschen, ein etwa 10 cm langes Stück dünn abschneiden und in feine Streifen schneiden. Den Saft auspressen.

3. Das Öl in einer Pfanne erhitzen. Die Pilze darin bei mittlerer Hitze unter ständigem Rühren etwa 3 Minuten rösten, bis sie leicht gebräunt sind. Die Pfanne von der Kochstelle nehmen. Den Zitronensaft und die -schale unter die Pilze mischen und alles mit den Glasnudeln in der Schüssel vermischen.

4. Den Schnittlauch fein zerkleinern. Die Tomaten waschen und würfeln, dabei die Stielansätze entfernen. Beide Zutaten ebenfalls in die Schüssel geben. Das Salz und 1 kräftige Prise Pfeffer hinzufügen. Den Salat vermischen und auf Portionstellern anrichten.

Tip!

Shiitake-Pilze wachsen auf Holzstämmen und brauchen deshalb weder gewaschen noch geputzt zu werden.

Kräutersalat

Zutaten für 3 Personen:
100 g gemischte Kräuter
(Petersilie, Gartenkresse, Kerbel,
Dill, Löwenzahn, Sauerampfer,
Schnittlauch, Minze und
Zitronenmelisse)
100 g beliebige Salatblätter
2 Eßl. milder Obstessig
1 Teel. natriumarmer Senf
1 Eßl. Sahne
4 Eßl. Olivenöl
1 Teel. Erdnußöl
1 Eßl. Sonnenblumenkerne

Raffiniert • Kaliumreich

Zubereitungszeit: etwa 30 Min.

Pro Portion etwa:
840 kJ/200 kcal
4 g EW · 19 g F · 3 g KH
• 24 mg Natrium

1. Die Kräuter und den Salat waschen, sehr gut trockenschwenken und grob zerkleinern. In eine Schüssel geben.

2. Den Essig mit dem Senf, der Sahne und den beiden Ölsorten verrühren und über die Salatzutaten geben. Alles vorsichtig mischen. Den Salat auf Portionstellern anrichten.

3. Die Sonnenblumenkerne in einer Pfanne ohne Fettzugabe bei schwacher bis mittlerer Hitze rösten, bis sie goldbraun sind. Über den Salat streuen.

Tip!

Für den Salat brauchen Sie ganz frische Kräuter, am besten pflückfrisch aus dem Garten oder Balkonkasten, dann ist auch zusätzliches Salz nicht nötig.

Bild oben:
Glasnudelsalat mit Pilzen
Bild unten: Kräutersalat

Bohnensalat mit Rucola

Zutaten für 3 Personen:
500 g grüne Bohnen
1 kleine Zwiebel
1 Knoblauchzehe
3 Eßl. Distelöl
3 Eßl. Himbeeressig
1 Teel. Aceto balsamico (Balsamessig)
1 Teel. streng natriumarmes Salz
weißer Pfeffer, frisch gemahlen
100 g Rucola (siehe Tip)
1 Tomate

Gelingt leicht
Kaliumreich

Zubereitungszeit: etwa 50 Min.

Pro Portion etwa:
700 kJ/170 kcal
5 g EW · 11 g F · 13 g KH
• 9 mg Natrium

1. Die Bohnen waschen, putzen und eventuell von den Fäden befreien. Dann in etwa 5 cm lange Stücke schneiden. Die Zwiebel und den Knoblauch schälen und hacken.

2. Das Öl in einer Pfanne erhitzen. Die Bohnen, die Zwiebel und den Knoblauch darin bei schwacher bis mittlerer Hitze etwa 15 Minuten zugedeckt braten, bis die Bohnen gerade eben bißfest sind. Dabei häufig wenden und eventuell 2 Eßlöffel Wasser dazugeben. Alles in eine Schüssel geben, die beiden Essigsorten, das Salz und Pfeffer daruntermischen.

3. Die Rucola waschen, trockenschwenken, grob zerkleinern und mit den Bohnen vermischen.

4. Den Salat auf Tellern anrichten. Die Tomate waschen und würfeln, dabei den Stielansatz entfernen. Die Würfel auf dem Salat anrichten und alles noch einmal mit Pfeffer würzen.

Tip!

Rucola, Rauke oder Roquette ist ein Wiesenkraut, das man in Italien und Frankreich schon lange als Salatzutat ißt. Inzwischen bekommen Sie das leicht scharf schmeckende, würzige Kraut mit dem zarten Nußaroma auch hier in Gemüseläden und auf Märkten. Als Ersatz eignen sich für den Bohnensalat Löwenzahn im Frühsommer, Kopfsalat im Sommer und Feldsalat im Winter.

Marinierter Spargel mit Zuckerschoten

Zutaten für 4 Personen:
500 g weißer Spargel
200 g Zuckerschoten
½ Teel. streng natriumarmes Salz
1 Messerspitze Zucker
1 kleine unbehandelte Zitrone
1 Eßl. Weißweinessig
3 Eßl. Olivenöl
weißer Pfeffer, frisch gemahlen
1 Handvoll gemischte Kräuter (Petersilie, Schnittlauch und Estragon)

Kalorienarm
Kaliumreich

Zubereitungszeit: etwa 1 Std.

Pro Portion etwa:
500 kJ/120 kcal
6 g EW · 8 g F · 9 g KH
• 8 mg Natrium

1. Den Spargel und die Zuckerschoten waschen. Die Spargelstangen von oben nach unten schälen, eventuell holzige Stielenden abschneiden. Die Zuckerschoten von den Stiel- und Blütenansätzen befreien, dabei auch eventuell vorhandene Fäden abziehen.

2. In einem Topf reichlich Wasser mit dem Salz und dem Zucker aufkochen. Den Spargel hinzufügen, aufkochen und zugedeckt bei schwacher Hitze etwa 15 Minuten garen.

3. Die Zuckerschoten hinzufügen, erneut aufkochen und weitere 3 Minuten zugedeckt kochen. Das Gemüse abgießen und in eine flache Schüssel geben. Die Kochbrühe dabei auffangen. Etwa 1/4 l davon für die Sauce abmessen, den Rest für eine Suppe verwenden.

4. Die Zitrone waschen, abtrocknen und ein etwa 5 cm langes Stück Schale dünn abschneiden. Die Schale in millimeterdünne Streifen schneiden. Den Zitronensaft auspressen.

5. Den Saft mit der abgemessenen Brühe, der Zitronenschale, dem Essig und dem Öl vermischen und über das Gemüse gießen. Reichlich Pfeffer darüber mahlen.

6. Das Gemüse zugedeckt bei Zimmertemperatur etwa 30 Minuten ziehen lassen.

7. Die Kräuter waschen, trockentupfen, fein hacken und unmittelbar vor dem Servieren über das Gemüse streuen. Dazu passen Pellkartoffeln.

Rohkost mit Avocadocreme

Zutaten für 3 Personen:
1 Kohlrabi (etwa 300 g)
1 kleiner weißer Rettich (etwa 400 g)
200 g Chicorée
1 großes Bund Schnittlauch
2 reife Avocados
Saft von 1 Zitrone
100 g Magerjoghurt
1 Eßl. Sahne
1/2 Teel. streng natriumarmes Salz
Cayennepfeffer

Raffiniert • Kaliumreich

Zubereitungszeit: etwa 35 Min.

Pro Portion etwa:
1600 kJ/380 kcal
8 g EW · 34 g F · 10 g KH
• 58 mg Natrium

1. Den Kohlrabi und den Rettich schälen und in etwa fingerdicke Stifte schneiden. Alle zarten Blättchen der beiden Gemüse abschneiden, waschen und fein hacken. Den Chicorée in die einzelnen Blätter teilen, waschen und trockenschwenken. Alles auf drei Tellern anrichten.

2. Für den Dip den Schnittlauch waschen, trockentupfen und in feine Röllchen schneiden. Die Avocados halbieren, von den Kernen befreien, schälen und mit dem Zitronensaft in einer Schüssel fein zerdrücken. Den Joghurt, die Sahne, den Schnittlauch, die Gemüseblättchen, das Salz und 1 kräftige Prise Cayennepfeffer daruntermischen. Den Dip in Schälchen verteilen.

3. Zum Essen die Gemüsestifte und die Chicoréeblätter in den Dip tauchen. Dazu paßt Toast oder Baguette.

Tip!

Avocados enthalten besonders viele mehrfach ungesättigte Fettsäuren, sind deshalb günstig bei Bluthochdruck. Damit die Avocado auch gut schmeckt, beim Kauf prüfen, ob sie reif ist: Wenn das Fruchtfleisch bei leichtem Fingerdruck etwa so elastisch nachgibt wie bei einer reifen Banane, ist die Avocado genau richtig. Weichere Früchte können innen schon braun und matschig sein. Zu harte Avocados in Zeitungspapier gewickelt bei Zimmertemperatur nachreifen lassen. Ein Tip zum Aufbewahren der halben Frucht: Mit Kern verfärbt sie sich nicht so rasch. Deshalb die kernlose Hälfte erst verbrauchen. Die andere in Folie wickeln und in den Kühlschrank legen, aber nicht länger als 24 Stunden aufbewahren.

Buchweizensuppe mit Erbsen

Zutaten für 3 Personen:
1 Knoblauchzehe
1 Teel. Safranfäden
1 Teel. Erdnußöl
3/4 l Gemüsebrühe (Rezept Seite 20 oder natriumarme Instant-Brühe)
75 g Buchweizenkörner
1 Paket tiefgefrorene Erbsen (300 g)
1 Tomate (etwa 100 g)
1 Bund Basilikum

Kalorienarm
Ohne tierisches Fett

Zubereitungszeit: etwa 40 Min.

Pro Portion etwa:
770 kJ/180 kcal
9 g EW · 3 g F · 31 g KH
• 11 mg Natrium

1. Den Knoblauch schälen und sehr fein hacken. Die Safranfäden zwischen den Fingern oder im Mörser zerreiben.

2. Das Öl in einem Topf erhitzen. Den Knoblauch und den Safran darin bei schwacher Hitze unter Rühren anbraten, bis der Knoblauch glasig ist. Die Brühe dazugießen, den Buchweizen einstreuen und aufkochen. Zugedeckt bei schwacher Hitze etwa 10 Minuten garen.

3. Die gefrorenen Erbsen dazugeben, erneut aufkochen und weitere 7 Minuten garen.

4. Inzwischen die Tomate häuten (siehe Tip), würfeln und vom Stielansatz befreien. Das Basilikum fein hacken.

5. Die Suppe in heiße Teller geben. Die Tomatenwürfel und das Basilikum darauf verteilen.

Tip!

Bei natriumarmer Ernährung sollten Sie nur wirklich vollreife Tomaten nehmen, die im Freiland wachsen und am Stock genügend Sonne bekommen. Treibhaustomaten schmecken nicht ohne reichlich Salz. Reife Tomaten brauchen Sie übrigens vor dem Häuten auch nicht mit kochendem Wasser zu überbrühen: Die Haut läßt sich so abziehen. Die Stielansätze immer herausschneiden, denn sie enthalten gesundheitsschädliches Solanin.

Dicke Bohnensuppe mit Lauch

Zutaten für 3 Personen:
500 g Lauch
1 Knoblauchzehe
2 Eßl. Maiskeimöl
3/4 l Gemüsebrühe (Rezept Seite 20 oder natriumarme Instant-Brühe)
1 Paket tiefgefrorene Dicke Bohnen (300 g)
1 Eßl. Crème fraîche
1/2 Teel. streng natriumarmes Salz
schwarzer Pfeffer, frisch gemahlen

Kaliumreich

Zubereitungszeit: etwa 30 Min.

Pro Portion etwa:
1100 kJ/260 kcal
11 g EW · 13 g F · 23 g KH
• 19 mg Natrium

1. Den Lauch waschen und in dünne Ringe schneiden. Den Knoblauch schälen und hacken.

2. Das Öl in einem Topf erhitzen. Den Lauch und den Knoblauch darin unter Rühren anbraten. Die Brühe und die Bohnen hinzufügen. Die Suppe aufkochen, die Bohnen zugedeckt etwa 15 Minuten garen.

3. Die Crème fraîche unterrühren und noch einmal erhitzen. Die Suppe mit dem Salz und mit Pfeffer abschmecken.

Im Bild oben:
Buchweizensuppe mit Erbsen
Im Bild unten:
Dicke Bohnensuppe mit Lauch

Kartoffelsuppe mit Pilzen und Schnittlauch

Zutaten für 4 Personen:
400 g mehligkochende Kartoffeln
1 l Gemüsebrühe (Rezept Seite 20 oder natriumarme Instant-Brühe)
250 g Champignons
¾ unbehandelte Zitrone
1 Knoblauchzehe
2 Eßl. Distelöl
150 g Sahne
Cayennepfeffer
1 großes Bund Schnittlauch

Gelingt leicht

Zubereitungszeit: etwa 40 Min.

Pro Portion etwa:
1000 kJ/240 kcal
5 g EW · 17 g F · 18 g KH
• 28 mg Natrium

1. Die Kartoffeln schälen, waschen und in kleine Würfel schneiden.

2. Die Kartoffeln mit der Gemüsebrühe in einem Topf aufkochen und zugedeckt bei schwacher Hitze etwa 15 Minuten garen, bis sie weich sind.

3. Inzwischen die Pilze putzen und in feine Scheiben schneiden. Von der Zitrone ein etwa 5 cm langes Stück Schale dünn abschneiden und in ganz feine Streifen schneiden. Die Zitrone auspressen. Den Knoblauch schälen und fein hacken.

4. Das Öl in einer Pfanne erhitzen. Die Pilze und den Knoblauch bei mittlerer Hitze unter Rühren darin rösten, bis die Pilze leicht gebräunt sind. Die Zitronenschale und den Saft daruntermischen. Die Pfanne von der Kochstelle nehmen.

5. Die Kartoffeln mit einem Kartoffelstampfer fein zerdrücken oder mit dem Mixstab pürieren. Die Sahne und die Pilze daruntermischen und erhitzen, aber nicht mehr aufkochen. Die Suppe mit Cayennepfeffer abschmecken. Den Schnittlauch in Röllchen schneiden und darüber streuen.

Tip!

Bei Kartoffelsuppen läßt sich die Menge der Flüssigkeit nicht genau angeben; es hängt von der Kartoffelsorte ab, wieviel Brühe Sie brauchen. Bei sehr mehligen, das heißt stärkereichen Kartoffeln, müssen Sie zum Schluß eventuell noch etwas Wasser zugeben, damit die Suppe die gewünschte Konsistenz bekommt.

Kerbelsuppe

Zutaten für 2 Personen:
1 kleine Zwiebel
1 mehligkochende Kartoffel (etwa 150 g)
1 Eßl. Sonnenblumenöl
600 ccm Gemüsebrühe (Rezept Seite 20 oder natriumarme Instant-Brühe)
50 g Kerbel
125 g Sahne
weißer Pfeffer, frisch gemahlen

Raffiniert

Zubereitungszeit: etwa 30 Min.

Pro Portion etwa:
1300 kJ/310 kcal
4 g EW · 25 g F · 16 g KH
• 25 mg Natrium

1. Die Zwiebel schälen und fein hacken. Die Kartoffel schälen, waschen und würfeln.

2. Das Öl in einem Topf erhitzen. Die Zwiebel und die Kartoffel dazugeben und bei mittlerer Hitze unter Rühren etwa 1 Minute braten.

3. Die Brühe dazugießen, aufkochen und die Kartoffelwürfel in etwa 15 Minuten weich kochen.

4. Inzwischen den Kerbel verlesen, waschen und fein hacken.

5. Die Suppe mit dem Mixstab pürieren. Den Kerbel und die Sahne daruntermischen und die Suppe erhitzen, aber nicht mehr aufkochen. Die Suppe mit Pfeffer abschmecken.

Reissuppe mit Tomaten

Zutaten für 3 Personen:
1 Knoblauchzehe
2 Zweige frischer Thymian
1 Teel. Sonnenblumenöl
50 g Parboiled-Reis
½ l Gemüsebrühe (Rezept Seite 20 oder natriumarme Instant-Brühe)
300 g Tomaten
1 Bund Schnittlauch
1 Eßl. Crème fraîche
½ Teel. streng natriumarmes Salz
1 Prise Zucker
Cayennepfeffer

Gelingt leicht
Kalorienarm

Zubereitungszeit: etwa 30 Min.

Pro Portion etwa:
500 kJ/120 kcal
3 g EW · 4 g F · 18 g KH
• 12 mg Natrium

1. Den Knoblauch schälen und hacken. Den Thymian waschen, die Blättchen abstreifen.

2. Das Öl in einem Topf erhitzen. Den Knoblauch, den Thymian und den Reis darin bei mittlerer Hitze unter ständigem Rühren etwa 1 Minute anbraten.

3. Die Gemüsebrühe dazugießen, die Suppe einmal aufkochen und zugedeckt bei schwacher Hitze etwa 15 Minuten garen, bis der Reis gerade eben weich ist.

4. Inzwischen die Tomaten häuten und würfeln. Den Schnittlauch fein schneiden.

5. Die Tomaten und die Crème fraîche in die Suppe geben, erneut aufkochen und zugedeckt etwa 1 Minute kochen lassen.

6. Die Suppe mit dem Salz, dem Zucker und 1 kräftigen Prise Cayennepfeffer abschmecken und auf Tellern verteilen. Den Schnittlauch darüber streuen.

Tip!
Suppen mit Reis sollten Sie nicht stehenlassen, sondern sofort servieren. Sonst quellen die Körner in der heißen Suppe auf und werden zu weich.

Bohnensuppe mit Broccoli

Zutaten für 4 Personen:
150 g getrocknete weiße Bohnen
1 l Gemüsebrühe (Rezept Seite 20 oder natriumarme Instant-Brühe)
1 Teel. getrocknetes Bohnenkraut
500 g Broccoli
1 Knoblauchzehe
100 g Crème fraîche
2 Eßl. Zitronensaft
weißer Pfeffer, frisch gemahlen
1 Bund Schnittlauch

Preiswert • Kaliumreich

Zubereitungszeit: etwa 1¾ Std.
(+ etwa 6 Std. Quellzeit)

Pro Portion etwa:
1000 kJ/240 kcal
12 g EW · 11 g F · 24 g KH
• 33 mg Natrium

1. Die Bohnen in der Gemüsebrühe zugedeckt etwa 6 Stunden quellen lassen.

2. Dann das Bohnenkraut hinzufügen, die Bohnen aufkochen und zugedeckt bei schwacher Hitze in etwa 1¼ Stunden weich kochen.

3. Nach etwa 1 Stunde den Broccoli putzen, waschen und in Röschen und Stiele teilen. Die Stiele schälen. Den Knoblauch schälen und hacken.

4. Die Broccolistiele zur Suppe geben, aufkochen und etwa 5 Minuten garen. Die Röschen und den Knoblauch dazugeben und nach dem Aufkochen weitere 5 Minuten garen.

5. Die Crème fraîche daruntermischen und bis knapp unter den Siedepunkt erhitzen. Die Suppe mit dem Zitronensaft und Pfeffer würzen und in vorgewärmte Teller geben. Den Schnittlauch waschen, trockentupfen, in feine Röllchen schneiden und auf die Suppe streuen.

Grünkern-suppe mit Gemüsebrühe

Selbst gekochte Gemüsebrühe enthält reichlich Kalium und ist deshalb ideal für eine kochsalzarme Ernährung. Die Brühe können Sie – wie Fleischbrühe – auf Vorrat zubereiten, portionsweise einfrieren und bei Bedarf als Grundlage für Suppen und Saucen verwenden. Im Kühlschrank hält sie sich fest verschlossen 3 Tage.
An Gemüse eignen sich Lauch, Möhren, Fenchel, Petersilienwurzeln sowie Stangen- und Knollensellerie. Gewürzt wird nach Wunsch mit Kräutern, Knoblauch, Lorbeerblatt und/oder Wacholderbeeren.
Statt Wasser können Sie für die Brühe auch das – ungesalzene! – Kochwasser von Gemüse wie Spargel und grünen Bohnen nehmen, die man in reichlich Wasser gart.

Zutaten für 4 Personen:
250 g Lauch
350 g Möhren
1 Petersilienwurzel
1 Fenchelknolle (etwa 250 g)
250 g Knollensellerie
1 Zwiebel
1 Knoblauchzehe
1 Bund Petersilie
3 Zweige frischer Thymian oder
1 Teel. getrockneter Thymian
1 Lorbeerblatt
1 Teel. weiße Pfefferkörner
2 Wacholderbeeren
3/4 l Wasser
50 g Grünkernschrot
50 g Kerbel
1 kleines Bund Schnittlauch
1/8 l Milch
50 g Crème fraîche
20 g kalte Butter
1/2 Teel. streng natriumarmes Salz
weißer Pfeffer, frisch gemahlen
Muskatnuß, frisch gerieben

Braucht etwas Zeit

Zubereitungszeit: etwa 1 1/2 Std.

Pro Portion etwa:
1000 kJ/240 kcal
9 g EW · 12 g F · 21 g KH
• 32 mg Natrium

1. Für die Brühe alle Gemüse putzen beziehungsweise schälen, waschen und fein zerkleinern. Die Zwiebel und die Knoblauchzehe schälen und hacken. Die Petersilie und den Thymian waschen.

2. Das zerkleinerte Gemüse, die Zwiebel, den Knoblauch, die Petersilie, den Thymian, das Lorbeerblatt, die Pfefferkörner, die Wacholderbeeren und das Wasser in einem Topf aufkochen. Die Brühe zugedeckt bei schwacher Hitze etwa 30 Minuten kochen lassen.

3. Die Brühe durch ein feines Sieb in ein anderes Gefäß gießen, das Gemüse dabei mit einem Löffel ausdrücken und anschließend wegwerfen.

4. Den Schrot in einen Topf geben und unter Rühren bei mittlerer Hitze rösten, bis er duftet. Die Brühe unter kräftigem Rühren nach und nach hinzugießen. Die Suppe unter weiterem Rühren aufkochen, bis sie glatt und sämig ist.

5. Die Suppe zugedeckt bei schwacher Hitze etwa 20 Minuten garen. Dabei immer wieder umrühren, damit der Schrot nicht zu stark am Topfboden anliegt.

6. Während die Suppe kocht, den Kerbel und den Schnittlauch waschen, trockentupfen und fein zerkleinern.

7. Die Milch, die Crème fraîche und die kalte Butter in die Suppe geben. Die Suppe erneut bis knapp unter den Siedepunkt erhitzen und dabei mit den Quirlen des Handrührgerätes kräftig durchschlagen, bis sich die Butter aufgelöst hat.

8. Die Kräuter hinzufügen. Die Suppe mit dem Salz, Pfeffer und Muskat abschmecken, auf Tellern verteilen und servieren.

Eine Suppe aus selbstgekochter Gemüsebrühe und Getreide enthält viel Kalium und schmeckt auch mit wenig Salz ganz ausgezeichnet.

Polentasuppe mit Kräutern

Zutaten für 4 Personen:
100 g Weißkohl
3/4 l Gemüsebrühe (Rezept Seite 20 oder natriumarme Instant-Brühe)
40 g Maisgrieß (Polenta)
100 g Sahne
1 Päckchen tiefgefrorene gemischte Kräuter
100 g Gartenkresse
Cayennepfeffer

Raffiniert

Zubereitungszeit: etwa 30 Min.

Pro Portion etwa:
540 kJ/130 kcal
3 g EW · 8 g F · 10 g KH
• 20 mg Natrium

1. Den Weißkohl waschen. Die Blätter in feine Streifen, härtere Blattrippen in dünne Stifte schneiden.

2. Die Gemüsebrühe aufkochen. Die Polenta unter Rühren hinzugeben, erneut aufkochen und zugedeckt bei schwacher Hitze etwa 5 Minuten garen.

3. Den Weißkohl hinzufügen. Die Suppe aufkochen, dann zugedeckt bei schwacher Hitze etwa 2 Minuten garen.

4. Die Sahne und die tiefgefrorenen Kräuter daruntermischen und die Suppe erhitzen, aber nicht mehr kochen lassen. Zum Schluß die abgeschnittene Kresse hinzufügen. Die Suppe mit Cayennepfeffer abschmecken.

Blumenkohlsuppe mit Petersilie

Zutaten für 4 Personen:
1 Blumenkohl (etwa 600 g)
1 kleine Zwiebel
1/2 unbehandelte Zitrone
1 Eßl. Sonnenblumenöl
1 Teel. Safranfäden
1 gestrichener Eßl. Mehl
1/2 l Wasser
1/4 l Milch
125 g Sahne
1 Eigelb
1 Bund Petersilie
1/2 Teel. streng natriumarmes Salz
Cayennepfeffer
Muskatnuß, frisch gerieben

Raffiniert • Gelingt leicht

Zubereitungszeit: etwa 40 Min.

Pro Portion etwa:
950 kJ/230 kcal
8 g EW · 17 g F · 11 g KH
• 71 mg Natrium

1. Den Blumenkohl putzen, in Röschen, Strunk und Blätter teilen und waschen. Die Zwiebel schälen und fein hacken. Die Zitronenschale abreiben und auf einem Teller beiseite stellen. Den Saft auspressen.

2. Das Öl in einem Topf erhitzen. Den Safran und das Mehl hinzufügen und bei schwacher Hitze unter ständigem Rühren einige Sekunden anrösten. Das Wasser langsam hinzugießen und aufkochen. Dabei so lange rühren, bis die Suppe glatt ist.

3. Den Blumenkohl und den Zitronensaft hinzufügen, aufkochen und zugedeckt bei schwacher Hitze 5–10 Minuten garen, bis der Blumenkohl gerade eben bißfest ist. Zwischendurch kosten, damit der Kohl nicht zu weich wird.

4. Während der Blumenkohl gart, die Milch mit der Sahne und dem Eigelb verquirlen. Die Petersilie waschen und fein hacken.

5. Die Milchmischung zur Suppe geben und unter Rühren erhitzen, aber nicht mehr aufkochen, sonst gerinnt das Eigelb.

6. Die Suppe mit dem Salz, 1 kräftigen Prise Cayennepfeffer und Muskat würzen und auf Portionstellern anrichten. Die Petersilie und die Zitronenschale darüber streuen.

Scharf gewürzte Linsensuppe

Zutaten für 3 Personen:
1 Zwiebel
1 Knoblauchzehe
1 grüne oder rote Pfefferschote
1 Eßl. Maiskeimöl
75 g Linsen
½ l Gemüsebrühe (Rezept Seite 20 oder natriumarme Instant-Brühe)
50 g Crème fraîche
2 Eßl. Zitronensaft
1 Bund frischer Majoran (ersatzweise Petersilie)

Preiswert • Kaliumreich

Zubereitungszeit: etwa 1 Std.

Pro Portion etwa:
780 kJ/190 kcal
7 g EW · 10 g F · 16 g KH
• 13 mg Natrium

1. Die Zwiebel und den Knoblauch schälen und hacken. Die Pfefferschote halbieren, den Stielansatz und alle Kerne entfernen. Die Schotenhälften kalt abspülen und in feine Streifen schneiden.

2. Das Öl in einem Topf erhitzen. Die Zwiebel, den Knoblauch und die Pfefferschote darin bei schwacher Hitze unter Rühren anbraten, bis die Zwiebel glasig ist.

3. Die Linsen und die Gemüsebrühe dazugeben, einmal aufkochen und die Linsen zugedeckt bei schwacher Hitze in etwa 50 Minuten weich garen.

4. Die Crème fraîche und den Zitronensaft unter die Suppe rühren und erhitzen. Den Majoran fein zerkleinern und die Suppe damit bestreuen.

Tip!

Die Garzeit von Linsen kann sehr unterschiedlich sein: je länger die Linsen bereits gelagert sind, desto länger brauchen sie. Wenn Sie wenig Zeit haben, nehmen Sie die kleinen, rot- bis orangefarbenen Linsen, die es in Spezialgeschäften für asiatische Lebensmittel und in manchen Naturkostläden zu kaufen gibt. Diese Linsen sind geschält, deshalb leicht verdaulich und brauchen zum Garen höchstens 20 Minuten.

Kräutersuppe mit Eierflaum

Zutaten für 3 Personen:
¾ l Gemüsebrühe (Rezept Seite 20 oder natriumarme Instant-Brühe)
1 Eßl. Zitronensaft
2 Eier
weißer Pfeffer, frisch gemahlen
Muskatnuß, frisch gerieben
1 Bund Schnittlauch
3 frische Borretschblätter (ersatzweise Petersilie)

Schnell • Kalorienarm

Zubereitungszeit: etwa 15 Min.

Pro Portion etwa:
260 kJ/60 kcal
5 g EW · 4 g F · 1 g KH
• 50 mg Natrium

1. Die Brühe mit dem Zitronensaft in einem Topf aufkochen.

2. Die Eier mit reichlich Pfeffer und Muskat verquirlen und in die kochende Suppe rühren. Den Topf von der Kochstelle nehmen.

3. Den Schnittlauch und den Borretsch waschen und fein zerkleinern. Die Suppe auf heißen Tellern verteilen und mit den Kräutern bestreut sofort servieren.

Varianten:
Statt der Kräuter können Sie auch Blattgemüse nehmen, zum Beispiel Spinat, hauchfein geschnittenen Wirsing, Weißkohl oder Mangold. Gut schmecken auch die ganz frischen Blätter von Radieschen, Rettich und Kohlrabi.

Petersiliensuppe mit Pilzen

Zutaten für 4 Personen:
150 Champignons
1 Eßl. Zitronensaft
1 Zwiebel
2 Bund Petersilie
25 g Butter
25 g Mehl
3/4 l Gemüsebrühe (Rezept Seite 20
oder natriumarme Instant-Brühe)
200 g Sahne
weißer Pfeffer, frisch gemahlen
Muskatnuß, frisch gerieben

Raffiniert

Zubereitungszeit: etwa 35 Min.

Pro Portion etwa:
1000 kJ/240 kcal
4 g EW · 21 g F · 9 g KH
• 31 mg Natrium

1. Die Champignons putzen, in Scheiben schneiden und mit dem Zitronensaft vermischen. Die Zwiebel schälen und hakken. Die Petersilienstiele abschneiden und sehr fein zerkleinern. Die Blätter ebenfalls fein hacken und auf einem Teller beiseite stellen.

2. Die Butter in einem Topf erhitzen, aber nicht bräunen. Die Zwiebel, die Petersilienstiele und das Mehl hinzufügen und bei schwacher Hitze unter Rühren etwa 1/2 Minute anrösten. Die Gemüsebrühe langsam dazugießen und aufkochen. Dabei so lange rühren, bis die Suppe glatt ist. Die Suppe zugedeckt bei schwacher Hitze etwa 5 Minuten kochen lassen.

3. Die Pilze, die Hälfte der gehackten Petersilie und die Sahne dazugeben. Die Suppe erhitzen, aber nicht mehr aufkochen. Dann etwa 3 Minuten ziehen lassen.

4. Die Suppe mit Pfeffer und Muskat abschmecken und mit dem Rest der Petersilie bestreut servieren.

Gurkensuppe mit Salbei

Zutaten für 4 Personen:
600 g Schmorgurken
1 Zwiebel
1 Knoblauchzehe
1 Handvoll Salbeiblättchen
1 Eßl. Maiskeimöl
600 ccm Gemüsebrühe (Rezept
Seite 20 oder natriumarme
Instant-Brühe)
150 g Crème fraîche
weißer Pfeffer, frisch gemahlen
1/4 Teel. gemahlener Koriander
1 Eßl. Zitronensaft

Gelingt leicht

Zubereitungszeit: etwa 30 Min.

Pro Portion etwa:
800 kJ/190 kcal
2 g EW · 18 g F · 6 g KH
• 35 mg Natrium

1. Die Gurken schälen, der Länge nach halbieren und die Kerne mit einem Löffel herauskratzen. Die Gurken in dünne Scheiben schneiden. Die Zwiebel und den Knoblauch schälen und fein hacken. Die Salbeiblättchen waschen, trockentupfen und grob zerkleinern.

2. Das Öl in einem Topf erhitzen. Die Gurken, die Zwiebel, den Knoblauch und etwa zwei Drittel der Salbeiblättchen hinzufügen und unter Rühren etwa 1 Minute anbraten.

3. Die Brühe und die Crème fraîche hinzufügen, die Suppe aufkochen, dann zugedeckt bei mittlerer Hitze etwa 3 Minuten kochen lassen, bis die Gurken gerade eben bißfest sind.

4. Die Suppe mit 1 kräftigen Prise Pfeffer, dem Koriander und dem Zitronensaft abschmecken und auf Tellern verteilen. Den Rest des Salbeis über der Suppe verteilen.

Im Bild oben:
Petersiliensuppe mit Pilzen
Im Bild unten:
Gurkensuppe mit Salbei

Nudelsalat mit Tofucroûtons und Pilzen

Zutaten für 4 Personen:
250 g Hörnchennudeln
3 Eßl. Olivenöl
250 g Tofu
150 g Champignons
Saft von 1 kleinen Zitrone
2 Tomaten (etwa 300 g)
1 grüne Paprikaschote
je 1 kleines Bund Basilikum und Schnittlauch
1 Eßl. Essig
200 g Crème fraîche
2 Eßl. Magerjoghurt
2 Teel. natriumarmer Senf
schwarzer Pfeffer, frisch gemahlen
2 Teel. streng natriumarmes Salz

Braucht etwas Zeit

Zubereitungszeit: etwa 45 Min.

Pro Portion etwa:
2300 kJ/550 kcal
17 g EW · 32 g F · 50 g KH
• 45 mg Natrium

1. Die Nudeln in reichlich sprudelnd kochendem Wasser bißfest kochen, abgießen, abtropfen lassen und ganz heiß in einer Schüssel mit 1 Eßlöffel Öl vermischen.

2. Während die Nudeln kochen, den abgetropften Tofu würfeln. Das restliche Öl in einer Pfanne erhitzen. Den Tofu darin bei mittlerer Hitze unter häufigem Wenden etwa 5 Minuten braten, bis er leicht gebräunt ist.

3. Die Pilze putzen, blättrig schneiden und mit dem Zitronensaft vermischen. Die Tomaten waschen und würfeln, die Stielansätze entfernen. Die Paprikaschote ebenfalls waschen, vierteln, putzen und in feine Streifen schneiden. Das Basilikum und den Schnittlauch waschen, trockentupfen und fein zerkleinern.

4. Alle diese Zutaten und den Tofu mit den Nudeln vermischen. Das Tofu-Bratöl daruntermischen.

5. Den Essig mit der Crème fraîche, dem Joghurt und dem Senf verrühren und mit dem Salat vermischen. Den Nudelsalat mit reichlich Pfeffer und dem Salz würzen.

Reissalat mit Rindfleisch

Zutaten für 4 Personen:
150 g Parboiled-Reis
¼ l Wasser
1 Rumpsteak (etwa 180 g)
schwarzer Pfeffer, frisch gemahlen
2 Eßl. Erdnußöl
2 Eßl. Zitronensaft
250 g Tomaten
1 Bund Frühlingszwiebeln
½ Teel. streng natriumarmes Salz

Raffiniert • Gelingt leicht

Zubereitungszeit: etwa 40 Min.

Pro Portion etwa:
1200 kJ/290 kcal
13 g EW · 10 g F · 33 g KH
• 41 mg Natrium

1. Den Reis mit dem Wasser aufkochen und zugedeckt bei schwächster Hitze in etwa 20 Minuten körnig weich garen.

2. Inzwischen das Rumpsteak mit Pfeffer würzen. Das Öl in einer Pfanne erhitzen. Das Fleisch darin auf beiden Seiten bei starker Hitze knapp 1 Minute anbraten und bei schwacher bis mittlerer Hitze pro Seite etwa 3 Minuten braten, bis es gerade eben durch ist. Aus der Pfanne nehmen und lauwarm abkühlen lassen.

3. Den gegarten Reis im Bratöl schwenken, dann mit dem Zitronensaft in eine Schüssel geben.

4. Die Tomaten waschen und würfeln, die Stielansätze herausschneiden. Die Frühlingszwiebeln putzen, waschen und in feine Ringe schneiden. Das Rumpsteak in dünne Streifen schneiden.

5. Alle diese Zutaten mit dem Reis vermischen. Den Salat mit dem Salz abschmecken und sofort servieren.

Marinierter Fisch mit Sherry

Zutaten für 3 Personen:
1 unbehandelte Zitrone
1 Bund Petersilie
1 kleine Zwiebel
1/8 l Wasser
300 g Goldbarschfilet
2 Tomaten (etwa 300 g)
1 grüne Paprikaschote
2 Frühlingszwiebeln
1/2 Kopf Römersalat
1 Bund Dill
1 Handvoll Kerbel
2 Eßl. trockener Sherry
1 Teel. streng natriumarmes Salz
Cayennepfeffer
2 Eßl. Sonnenblumenöl

Raffiniert • Kaliumreich

Zubereitungszeit: etwa 40 Min.

Pro Portion etwa:
1000 kJ/240 kcal
23 g EW · 11 g F · 12 g KH
• 106 mg Natrium

1. Die Zitrone waschen, abtrocknen und ein etwa 10 cm langes Stück Schale dünn abschneiden. Den Saft auspressen. Die Petersilie waschen, die Zwiebel schälen.

2. Das Wasser in einem Topf aufkochen. Die Zitronenschale, den Saft, die Petersilie, die Zwiebel und den Fisch hinzufügen und zugedeckt bei schwächster Hitze etwa 6 Minuten ziehen lassen. Dabei einmal wenden. Im Sud abkühlen lassen.

3. Die Tomaten waschen und würfeln, dabei die Stielansätze entfernen. Die Paprikaschote vom Stielansatz, den weißen Trennwänden und den Kernen befreien und zerkleinern. Die Frühlingszwiebeln putzen und mit dem saftigen Grün in feine Ringe schneiden. Den Salat putzen, waschen und grob zerkleinern. Den Dill und den Kerbel zerkleinern. Alles in einer Schüssel mischen.

4. Den Fisch aus dem Sud nehmen und in mundgerechte Stükke teilen. Die Zitronenschale, die Petersilie und die Zwiebel wegwerfen.

5. Für die Sauce den Fischsud mit dem Sherry, dem Salz, Cayennepfeffer und dem Öl verrühren.

6. Die Hälfte der Sauce mit den Salatzutaten mischen. Den Salat auf Portionstellern verteilen. Die Fischstücke darauf anrichten, mit dem Rest der Sauce beträufeln.

Geflügelsalat

Zutaten für 4 Personen:
250 g Putenbrust
1 1/2 Teel. streng natriumarmes Salz
Cayennepfeffer
4 Eßl. Distelöl
3 Eßl. Wasser
3 Eßl. Zitronensaft
1 Eßl. Sahne
1 Salatgurke
1 Bund Radieschen
1 großes Bund Schnittlauch
1 Eßl. beliebige Nußkerne, fein gehackt

Gelingt leicht
Kaliumreich

Zubereitungszeit: etwa 45 Min.

Pro Portion etwa:
900 kJ/210 kcal
18 g EW · 14 g F · 5 g KH
• 51 mg Natrium

1. Die Putenbrust mit der Hälfte des Salzes und mit Cayennepfeffer einreiben.

2. In einer Pfanne 1 Eßlöffel Öl erhitzen. Das Fleisch darin bei mittlerer Hitze pro Seite etwa 6 Minuten braten, bis es gerade eben durchgegart ist. Herausnehmen und lauwarm abkühlen lassen.

3. Für das Dressing das Wasser und den Zitronensaft in die Pfanne geben und den Bratfond damit lösen. Diese Flüssigkeit in eine Schüssel geben. Das restliche Salz, die Sahne und das restliche Öl daruntermischen.

4. Die Salatgurke schälen und zum Dressing in die Schüssel raspeln. Die Radieschen in Scheiben schneiden, das Fleisch würfeln, den Schnittlauch zerkleinern und hinzufügen.

5. Alle Zutaten miteinander vermischen und mit den gehackten Nüssen bestreuen.

Spitzkohlsalat mit Lamm

Zutaten für 4 Personen:
250 g Lammfleisch (Keule)
½ unbehandelte Zitrone
1 Knoblauchzehe
1 großes Bund Petersilie
4 Eßl. Olivenöl
1 Eßl. beliebiges Nußöl
1 Kopf Spitzkohl (etwa 1 kg)
⅛ l Gemüsebrühe (Rezept Seite 20 oder natriumarme Instant-Brühe)
3 Eßl. milder Wein- oder Obstessig
1 Teel. natriumarmer Senf
1 Teel. streng natriumarmes Salz
weißer Pfeffer, frisch gemahlen
1 Eßl. beliebige Nußkerne

Raffiniert • Für Gäste

Zubereitungszeit: etwa 1½ Std.

Pro Portion etwa:
1400 kJ/330 kcal
16 g EW · 26 g F · 11 g KH
• 82 mg Natrium

1. Das Fleisch trockentupfen. Die Zitronenschale dünn abschneiden und fein hacken. Den Saft auspressen. Den Knoblauch schälen und mit den abgeschnittenen Petersilienstielen ebenfalls fein zerkleinern.

2. Alle diese zerkleinerten Zutaten, den Zitronensaft, 1 Eßlöffel Olivenöl und das Nußöl auf einem Teller vermischen. Das Fleisch in diese Marinade legen und zugedeckt im Kühlschrank ziehen lassen, bis der Salat zubereitet ist. Dabei einmal wenden.

3. Den Spitzkohl halbieren, die welken äußeren Blätter entfernen, den Strunk herausschneiden. Den Kohl waschen, trokkentupfen, fein hobeln und in eine Schüssel geben.

4. Für die Salatsauce die Gemüsebrühe aufkochen und lauwarm abkühlen lassen. Den Essig, den Senf, ½ Teelöffel Salz und das restliche Olivenöl darunterrühren. Den Spitzkohl mit der Salatsauce mischen und ziehen lassen, bis das Fleisch gebraten ist.

5. Das Fleisch aus der Marinade nehmen. Den Knoblauch, die Zitronenschale und die Petersilienstiele so gut wie möglich abstreifen.

6. Eine Pfanne ohne Fett erhitzen; das Fleisch hat durch die Marinade genügend Fett bekommen. Das Fleisch darin bei starker Hitze auf jeder Seite etwa ½ Minute anbraten. Dann bei mittlerer Hitze pro Seite etwa 15 Minuten braten, bis es gerade eben durchgegart ist.

7. Das Fleisch herausnehmen, mit dem restlichen Salz und mit Pfeffer würzen und etwa 5 Minuten ruhen lassen.

8. Die Nußkerne hacken, in die Pfanne geben und bei mittlerer Hitze unter ständigem Rühren etwa 1 Minute rösten. Die Petersilienblätter fein hacken.

9. Den Salat auf Portionstellern anrichten. Die Nüsse und die Petersilie darüber streuen. Das Fleisch quer zur Faser in dünne Scheiben schneiden und auf den Salat legen. Dazu passen Pellkartoffeln oder natriumarmes Vollkornbrot.

Tip!

Spitzkohl ist eine Weißkohlsorte und der erste frische Kohl im Frühsommer: Die schlanken, spitz zulaufenden Köpfe mit den feinen Rippen und zarten Blättern kommen von Anfang Mai bis Ende Juni auf den Markt. Wenn Sie keinen Spitzkohl bekommen: Der Salat schmeckt auch gut mit Frühwirsing und Chinakohl.

Raffiniertes Hauptgericht, das auch Ungeübten leicht gelingt

Avocados mit Krabben

Zutaten für 4 Personen:
2 reife Avocados
Saft von 1 Zitrone
1 Handvoll gemischte Kräuter (Dill, Kerbel, Zitronenmelisse, Borretsch, Petersilie und Gartenkresse)
250 g Krabben
150 g Magerjoghurt
50 g Crème fraîche
½ Teel. streng natriumarmes Salz
Cayennepfeffer

Kaliumreich • Raffiniert

Zubereitungszeit: etwa 20 Min.

Pro Portion etwa:
1500 kJ/360 kcal
16 g EW · 30 g F · 4 g KH
• 121 mg Natrium

1. Die Avocados halbieren, die Kerne herauslösen. Das Fruchtfleisch mit einem Teelöffel so herausstechen, daß die Schalen nicht verletzt werden.

2. Das Avocadofleisch zerkleinern und mit dem Zitronensaft in einer Schüssel vermischen. Die Kräuter fein zerkleinern.

3. Etwa zwei Drittel der Kräuter, die Krabben, den Joghurt, die Crème fraîche, das Salz und 1 kräftige Prise Cayennepfeffer zum Avocadofleisch geben und alles vermischen. Die Mischung in die Avocadoschalen füllen. Die Avocados mit dem Rest der Kräuter bestreuen.

Bohnensalat mit Nußbroten

Zutaten für 4 Personen:
100 g getrocknete rote Bohnen
300 ccm Wasser
1 Zweig frischer Rosmarin
200 g Frühlingszwiebeln
1 grüne Paprikaschote
400 g Tomaten
2 Eßl. milder Obstessig
1½ Teel. streng natriumarmes Salz
weißer Pfeffer, frisch gemahlen
3 Eßl. Olivenöl
1 Bund Basilikum
1 Knoblauchzehe
½ Bund Petersilie
50 g beliebige Nußkerne
1 Eßl. Zitronensaft
80 g weiche Butter
Cayennepfeffer
4 Scheiben Vollkornbrot

Gut vorzubereiten

Zubereitungszeit: etwa 1¾ Std. (+ etwa 6 Std. Quellzeit)

Pro Portion etwa:
2100 kJ/500 kcal
15 g EW · 32 g F · 39 g KH
• 170 mg Natrium

1. Die Bohnen mit dem Wasser übergießen und zugedeckt etwa 6 Stunden quellen lassen.

2. Dann mit dem Wasser und dem Rosmarin aufkochen und zugedeckt bei schwacher Hitze in 1–1½ Stunden gerade eben weich garen. Die Bohnen mit der Garflüssigkeit in eine Schüssel geben und lauwarm abkühlen lassen.

3. Den Backofen auf 220° (Umluft 200°, Gas Stufe 5) vorheizen.

4. Die Frühlingszwiebeln putzen, waschen und in dünne Ringe schneiden. Die Paprikaschote putzen, waschen und in Streifen schneiden. Die Tomaten waschen und würfeln, die Stielansätze herausschneiden.

5. Alle diese zerkleinerten Zutaten, den Essig, das Salz, 1 kräftige Prise Pfeffer und das Öl zu den Bohnen geben und vermischen. Das Basilikum grob zerkleinern und darüber streuen.

6. Für die Nußbrötchen den geschälten Knoblauch, die Petersilie und die Nüsse im Blitzhacker zerkleinern. Den Zitronensaft und die Butter daruntermischen, mit Cayennepfeffer würzen und auf die Brotscheiben streichen.

7. Die Brote auf ein Backblech legen, in den Ofen (Mitte) schieben und etwa 15 Minuten backen, bis sie leicht gebräunt sind. Zum Bohnensalat servieren.

Bild oben:
Bohnensalat mit Nußbroten
Bild unten:
Avocados mit Krabben

Steckrüben mit Kartoffelfrikadellen

Dieses Gericht aus der feinen vegetarischen Küche braucht etwas Zeit, aber die Mühe lohnt sich. Steckrüben sind ein preiswertes Wintergemüse, das Sie beim Gemüsehändler oder auf dem Markt bekommen. Im Sommer nehmen Sie statt dessen Kohlrabi, Zucchini oder grüne Bohnen. Alle diese Gemüse sind ebenfalls natriumarm.

Zutaten für 4 Personen:
800 g mehligkochende Kartoffeln
1 Steckrübe (etwa 1 kg)
1 große Zwiebel
1 Knoblauchzehe
1 getrocknete rote Pfefferschote
100 g Weizenvollkornmehl
1 kleines Ei
1 Teel. streng natriumarmes Salz
weißer Pfeffer, frisch gemahlen
Muskatnuß, frisch gerieben
1 Eßl. Butter
3 Eßl. Öl
1/8 l Gemüsebrühe (Rezept Seite 20 oder natriumarme Instant-Brühe)
100 g Crème fraîche
1 Eigelb
2 Eßl. Schnittlauchröllchen
Zum Formen: Mehl

Preiswert
Braucht etwas Zeit

Zubereitungszeit: etwa 1 1/4 Std.

Pro Portion etwa:
2200 kJ/520 kcal
15 g EW · 27 g F · 56 g KH
• 61 mg Natrium

1. Die Kartoffeln waschen und mit der Schale in wenig Wasser zugedeckt bei mittlerer Hitze weich kochen. Das dauert je nach Größe 15–25 Minuten. Abgießen, etwas ausdämpfen lassen, schälen und fein zerdrükken (siehe Tip). Die Kartoffeln abkühlen lassen.

2. Inzwischen die Steckrübe schälen, waschen und würfeln. Die Zwiebel und den Knoblauch schälen und fein hacken. Die Pfefferschote von den brennend scharfen Kernen befreien und fein zerkleinern.

3. Das Kartoffelpüree mit dem Mehl, dem Ei, der halben Salzmenge sowie je 1 kräftigen Prise Pfeffer und Muskat verkneten. Die Hände in Mehl tauchen und aus dem Teig 12 flache Frikadellen formen.

4. Die Hälfte der Butter und 1 Eßlöffel Öl in einer Pfanne erhitzen. 6 Frikadellen darin bei mittlerer bis schwacher Hitze etwa 10 Minuten braten, bis sie an der Unterseite eine Kruste gebildet haben. Wenden und weitere 5 Minuten braten.

5. Herausnehmen und im Backofen bei 50° warm halten. Die zweite Portion Frikadellen in der übrigen Butter und 1 weiteren Eßlöffel Öl ebenso braten.

6. Das restliche Öl in einem Topf erhitzen. Die Steckrübenwürfel, die Zwiebel, den Knoblauch und die Pfefferschote darin bei mittlerer Hitze anbraten. Die Brühe dazugießen. Die Rüben aufkochen und zugedeckt bei schwacher Hitze in etwa 7 Minuten bißfest garen. Mit dem restlichen Salz und mit Pfeffer würzen.

7. Die Rüben mit einem Schaumlöffel so herausnehmen, daß möglichst viel Flüssigkeit für die Sauce im Topf bleibt. Ebenfalls im Backofen warm halten, bis die Sauce zubereitet ist.

8. Die Crème fraîche mit dem Eigelb verrühren und zu der Garflüssigkeit in den Topf geben. Mit den Quirlen des Handrührgerätes bei mittlerer Schaltstufe zu einer schaumigen Sauce aufschlagen. Die Sauce mit Muskat abschmecken und über den Steckrüben verteilen. Den Schnittlauch darüber streuen.

Tip!

Damit Kartoffelteig sich gut verarbeiten läßt, sollten Sie die Kartoffeln immer nur mit einer Gabel oder dem Kartoffelstampfer zerdrücken, aber nicht im Blitzhacker oder Mixer pürieren, sonst werden sie glitschig. Und: den fertigen Teig gleich verarbeiten. Denn bei längerem Stehen wird er zu feucht zum Formen.

Steckrüben sind ein preiswertes Wintergemüse, das leider etwas in Vergessenheit geraten ist. Dieses köstliche Gericht wird Abhilfe schaffen.

JUSTINUS

Schollen mit Tomaten und Zwiebeln

Zutaten für 4 Personen:
4 Schollen von je etwa 200 g
Saft von 1 Zitrone
2 Teel. streng natriumarmes Salz
schwarzer Pfeffer, frisch gemahlen
1 kg Tomaten
1 Bund Frühlingszwiebeln
2 Knoblauchzehen
1/8 l trockener Rotwein
1 großes Bund Basilikum

Schnell • Kalorienarm

Zubereitungszeit: etwa 1 Std.

Pro Portion etwa:
760 kJ/180 kcal
25 g EW · 2 g F · 11 g KH
• 150 mg Natrium

1. Die Schollen innen und außen unter fließendem kaltem Wasser abspülen und mit Küchenpapier trockentupfen. Die Fische einige Male einschneiden, mit dem Zitronensaft beträufeln und mit dem Salz und Pfeffer würzen.

2. Die Tomaten häuten und in Scheiben schneiden, dabei die Stielansätze entfernen. Die Frühlingszwiebeln putzen, waschen und fein zerkleinern. Die Knoblauchzehen schälen und hacken.

3. Eine ofenfeste Form mit der Hälfte der Tomaten auslegen. Die Frühlingszwiebeln und den Knoblauch darüber verteilen. Die Schollen darauf legen und mit den restlichen Tomaten bedecken. Den Rotwein rundherum an den Seiten dazugießen.

4. Die Form mit dem Rost in den kalten Backofen (Mitte) schieben. Den Ofen auf 200° (Umluft 180°, Gas Stufe 4) schalten. Die Schollen etwa 30 Minuten garen. Das Basilikum fein hakken und unmittelbar vor dem Servieren über das Gericht streuen. Dazu passen Pellkartoffeln.

Tip!

Bei Frühlingszwiebeln, aber auch bei Lauch sollten Sie nicht nur das Weiße verwenden, wie oft empfohlen wird, sondern auch möglichst viele grüne Blätter. Denn das saftige Grün enthält besonders viel Magnesium – gut für Muskeln und Nerven.

Fisch in Kräutersauce

Zutaten für 3 Personen:
2 Handvoll gemischte Kräuter (Petersilie, Kerbel, Dill, Estragon und Zitronenmelisse)
200 g Crème fraîche
1/8 l Milch
Saft und etwas abgeriebene Schale von 1 kleinen unbehandelten Zitrone
1 Teel. streng natriumarmes Salz
Cayennepfeffer
600 g Kabeljaufilets

Schnell • Gelingt leicht

Zubereitungszeit: etwa 30 Min.

Pro Portion etwa:
1800 kJ/430 kcal
38 g EW · 29 g F · 6 g KH
• 226 mg Natrium

1. Den Backofen auf 220° (Umluft 200°, Gas Stufe 5) vorheizen.

2. Die Kräuter waschen, trokkentupfen und fein hacken. Mit der Crème fraîche, der Milch, dem Zitronensaft und der -schale, dem Salz und 1 kräftigen Prise Cayennepfeffer verrühren.

3. Den Fisch in eine ofenfeste Form legen, die so groß sein sollte, daß die Filets nebeneinander darin Platz haben. Die Kräutercreme darüber verteilen.

4. Die Form mit dem Rost in den Backofen (Mitte) schieben. Den Fisch etwa 15 Minuten garen. Dazu passen Pellkartoffeln oder Reis.

Spargel mit Eier-Dill-Sauce

Zutaten für 2 Personen:
2 Eier
1 kg weißer Spargel
3 Teel. streng natriumarmes Salz
1 kleine Zwiebel
1 großes Bund Dill
1/8 l Milch
20 g Butter
20 g Mehl
50 g Crème fraîche
schwarzer Pfeffer, frisch gemahlen
1 Teel. natriumarmer Senf

Kaliumreich

Zubereitungszeit: etwa 1 1/4 Std.

Pro Portion etwa:
1500 kJ/360 kcal
20 g EW · 27 g F · 19 g KH
• 132 mg Natrium

1. Die Eier in sprudelnd kochendem Wasser in etwa 8 Minuten hart kochen. Inzwischen den Spargel von oben nach unten schälen, von den holzigen Stellen an den Stielenden befreien und waschen.

2. Etwa 1 l Wasser mit 2 Teelöffeln Salz zum Kochen bringen. Den Spargel zugedeckt darin bei mittlerer Hitze etwa 15 Minuten garen.

3. Die Zwiebel schälen, den Dill waschen und getrennt fein hacken. Die Eier abgießen, kalt abschrecken, schälen und hacken.

4. Den Spargel mit einem Schaumlöffel herausnehmen, auf Tellern anrichten und zugedeckt warm halten, bis die Sauce fertig ist.

5. Von der Spargelbrühe 1/4 l für die Sauce abmessen und mit der Milch vermischen.

6. Die Butter in einem Topf zerlassen, aber nicht bräunen. Die Zwiebel darin bei schwacher Hitze glasig braten. Das Mehl darüber stäuben und unter Rühren etwa 1/2 Minute anrösten. Die Spargelbrühe mit der Milch langsam dazugießen und dabei ständig rühren. Die Sauce aufkochen und weiterrühren, bis sie glatt und sämig ist. Zugedeckt bei schwacher Hitze etwa 10 Minuten kochen lassen.

7. Die Crème fraîche, die Eier, den Dill und den Senf daruntermischen und erhitzen, aber nicht mehr aufkochen. Die Sauce mit dem restlichen Salz und mit Pfeffer abschmecken und über den Spargel gießen. Dazu passen Pellkartoffeln oder Kartoffelfrikadellen (Rezept Seite 32).

Pellkartoffeln mit Kräutersauce

Zutaten für 3 Personen:
1 kg neue Kartoffeln
1 Ei
50 g gemischte Kräuter (Basilikum, Kerbel, Estragon, Zitronenmelisse, Petersilie und Schnittlauch)
300 g Magerjoghurt
200 g Crème fraîche
2 Eßl. Zitronensaft
1 Teel. natriumarmer Senf
1/4 Teel. streng natriumarmes Salz
weißer Pfeffer, frisch gemahlen
1 Teel. Maiskeimöl

Gelingt leicht

Zubereitungszeit: etwa 35 Min.

Pro Portion etwa:
2400 kJ/570 kcal
15 g EW · 31 g F · 59 g KH
• 132 mg Natrium

1. Die Kartoffeln gründlich waschen und in wenig Wasser mit der Schale zugedeckt bei mittlerer Hitze weich kochen. Das dauert je nach Größe der Kartoffeln 15–25 Minuten. Das Ei in sprudelnd kochendem Wasser in etwa 8 Minuten hart kochen. Dann kalt abschrecken, schälen und hacken.

2. Die Kräuter fein zerkleinern. Mit dem Ei, dem Joghurt, der Crème fraîche, dem Zitronensaft, dem Senf, dem Salz, Pfeffer und dem Öl vermischen. Die Sauce zu den Kartoffeln servieren.

Grüne Klöße mit Mangold-gemüse

Zutaten für 4 Personen:
100 g Roggenvollkornbrot
100 g gemischte Kräuter (Petersilie, Schnittlauch und Majoran)
300 g Mehl
1 Teel. streng natriumarmes Salz
etwa 50 ccm Wasser
4 Eier
2 kg Mangold (siehe Tip)
1 kleine Zwiebel
2 Knoblauchzehen
2 Eßl. Sonnenblumenöl
200 g Sahne
1/8 l Gemüsebrühe (Rezept Seite 20 oder natriumarme Instant-Brühe)
weißer Pfeffer, frisch gemahlen
1 Eßl. Zitronensaft
2 Eßl. beliebige Nußkerne

Raffiniert • Preiswert

Zubereitungszeit: etwa 1 1/2 Std.

Pro Portion etwa:
3100 kJ/ 740 kcal
29 g EW · 33 g F · 82 g KH
• 570 mg Natrium

1. Für die Klöße das Brot in etwa fingerdicke Scheiben schneiden, kräftig toasten und würfeln. Die Kräuter waschen, trockentupfen und fein zerkleinern.

2. Das Mehl mit dem Salz, dem Wasser, den Eiern, dem Brot und den Kräutern zu einem zähflüssigen Teig vermischen.

3. Den Mangold putzen, waschen, trockentupfen und fein zerkleinern (siehe Tip). Die Zwiebel und den Knoblauch schälen und hacken.

4. In einem großen Topf reichlich Wasser zum Kochen bringen. Vom Kloßteig mit einem in kaltes Wasser getauchten Eßlöffel Klöße abstechen, in das Wasser geben und bei schwacher Hitze etwa 10 Minuten sanft kochen lassen. Dabei den Deckel halb auf den Topf legen und einen Kochlöffel dazwischenklemmen.

5. Das Öl in einem großen Schmortopf erhitzen. Die Zwiebel darin bei schwacher Hitze unter Rühren glasig braten. Den Knoblauch, den Mangold, die Sahne und die Gemüsebrühe hinzufügen, einmal aufkochen und zugedeckt bei mittlerer Hitze etwa 5 Minuten garen.

6. Das Gemüse mit Pfeffer und dem Zitronensaft würzen. Die Klöße mit einem Schaumlöffel aus dem Wasser nehmen und mit dem Gemüse auf vorgewärmten Tellern anrichten. Die Nüsse hacken und darüber streuen.

Tip!

Die Haupterntezeit für Mangold dauert von Mai bis Mitte September. Meist können Sie zwischen zwei Sorten wählen: Schnittmangold mit zarten Blättern und dünnen Stielen. Oder Stielmangold mit besonders fleischigen Stielen. Am besten zerkleinern Sie auch Stielmangold möglichst fein. Dann brauchen Sie nämlich nicht – wie oft empfohlen – Stiele und Blätter gesondert dünsten, sondern können das Gemüse genauso zubereiten, wie ich es im Rezept empfehle. Dabei bleibt es etwas knackiger, als Sie es vielleicht bisher gewohnt waren. Doch das kommt dem Geschmack, dem Vitamin- und Mineralstoffgehalt zugute.

Mit diesem köstlichen Mangoldgericht können Sie Gäste auf gesunde Art verwöhnen.

JUSTINUS

Gemüse mit gebratenen Äpfeln

Zutaten für 2 Personen:
1 kleiner Kopf Weißkohl (etwa 400 g)
1 Kohlrabi (etwa 250 g)
200 g Möhren
1 kleine Zwiebel
400 g säuerliche Äpfel (Boskoop oder Cox Orange)
Saft von 1 Zitrone
1 Eßl. Distelöl
150 g Sahne
½ Teel. streng natriumarmes Salz
Cayennepfeffer
1 Teel. Kümmelkörner
1 Eßl. Butter
1 großes Bund Petersilie

Gelingt leicht

Zubereitungszeit: etwa 45 Min.

Pro Portion etwa:
2400 kJ/570 kcal
9 g EW · 41 g F · 42 g KH
• 130 mg Natrium

1. Den Weißkohl vierteln, von den welken Blättern befreien, waschen und fein hobeln. Den Kohlrabi und die Möhren schälen und würfeln. Die zarten Kohlrabiblättchen waschen und fein zerkleinern. Die Zwiebel schälen und hacken.

2. Die Äpfel sehr gut waschen und in etwa fingerdicke Scheiben schneiden. Das Kerngehäuse entfernen. Die Apfelscheiben mit der Hälfte des Zitronensafts beträufeln.

3. Das Öl in einem großen Topf erhitzen. Das zerkleinerte Gemüse und die Zwiebel darin bei mittlerer Hitze unter Rühren etwa 3 Minuten anbraten. Die Sahne, das Salz, Cayennepfeffer und den Kümmel daruntermischen. Das Gemüse einmal aufkochen und zugedeckt bei schwacher Hitze in etwa 10 Minuten bißfest garen.

4. Währenddessen die Butter in einer großen Pfanne erhitzen. Die Apfelscheiben darin bei schwacher bis mittlerer Hitze etwa 3 Minuten braten. Den restlichen Zitronensaft dazugießen, die Äpfel wenden und weitere 2–3 Minuten schmoren, bis sie gerade eben weich sind. Die Petersilie fein hacken und mit den Kohlrabiblättchen unter das Gemüse mischen.

Graupen mit Kohlrabi

Zutaten für 3 Personen:
1 Knoblauchzehe
300 g Graupen
1 Eßl. Olivenöl
¾ l Gemüsebrühe (Rezept Seite 20 oder natriumarme Instant-Brühe)
500 g Kohlrabi
1 Frühlingszwiebel
1 Bund Dill
100 g Crème fraîche
1 Teel. streng natriumarmes Salz
schwarzer Pfeffer, frisch gemahlen
Muskatnuß, frisch gerieben
2 Eßl. Zitronensaft

Preiswert • Gelingt leicht

Zubereitungszeit: etwa 45 Min.

Pro Portion etwa:
2100 kJ/500 kcal
15 g EW · 18 g F · 71 g KH
• 43 mg Natrium

1. Den Knoblauch schälen und hacken. Die Graupen kalt abspülen und abtropfen lassen.

2. Das Öl erhitzen. Den Knoblauch und die Graupen darin bei mittlerer Hitze unter Rühren etwa 2 Minuten anbraten.

3. Die Brühe hinzugießen, einmal aufkochen und die Graupen zugedeckt bei schwacher Hitze etwa 20 Minuten garen.

4. Die Kohlrabi schälen und grob raspeln. Alle zarten Kohlrabiblättchen waschen und hacken. Die Frühlingszwiebel putzen, waschen und fein zerkleinern. Den Dill hacken.

5. Die Kohlrabi, die gehackten Blätter und die Hälfte der Frühlingszwiebel zu den Graupen geben, erneut aufkochen und zugedeckt etwa 5 Minuten kochen lassen.

6. Die Crème fraîche dazugeben. Die Graupen mit dem Salz, Pfeffer, Muskat und dem Zitronensaft abschmecken. Den Rest der Frühlingszwiebel und den Dill darüber streuen.

Im Bild oben:
Gemüse mit gebratenen Äpfeln
Im Bild unten:
Graupen mit Kohlrabi

Kartoffelgratin mit Morcheln

Zutaten für 2 Personen:
½ Päckchen getrocknete Spitzmorcheln (etwa 10 g)
100 ccm Milch
200 g Sahne
600 g mehligkochende Kartoffeln
1 Teel. streng natriumarmes Salz
weißer Pfeffer, frisch gemahlen
1 Eßl. Butter

Raffiniert

Zubereitungszeit: etwa 1¼ Std.
(+ etwa 3 Std. Quellzeit)

Pro Portion etwa:
2600 kJ/620 kcal
10 g EW · 42 g F · 52 g KH
• 85 mg Natrium

1. Die Morcheln in der Milch zugedeckt etwa 3 Stunden einweichen. Die Pilze dann herausnehmen und auf einem Sieb kalt abspülen. Die Milch durch eine Kaffeefiltertüte gießen, um Sandreste aus den Pilzhüten aufzufangen und mit der Sahne mischen.

2. Die Kartoffeln schälen, waschen und auf dem Gurkenhobel in dünne Scheiben hobeln. Die Kartoffelscheiben und die Pilze in einer ofenfesten Form mit niedrigem Rand verteilen und mit dem Salz und Pfeffer würzen.

3. Die Milch-Sahne-Mischung darüber gießen. Die Butter in kleine Stücke teilen und darauf legen.

4. Die Form auf dem Rost in den kalten Backofen (Mitte) schieben. Den Ofen auf 200° (Umluft 180°, Gas Stufe 3) schalten. Das Gratin etwa 45 Minuten backen, bis die Kartoffeln weich sind, die Flüssigkeit aufgesogen und die Oberfläche schön gebräunt ist.

Forellen mit Zitrone und Knoblauch

Zutaten für 2 Personen:
2 Forellen von je etwa 300 g
1 Teel. streng natriumarmes Salz
weißer Pfeffer, frisch gemahlen
1 unbehandelte Zitrone
2–3 Knoblauchzehen
1 großes Bund Petersilie
3 Eßl. Olivenöl

Raffiniert • Kaliumreich

Zubereitungszeit: etwa 30 Min.

Pro Portion etwa:
1500 kJ/360 kcal
37 g EW · 21 g F · 5 g KH
• 80 mg Natrium

Variante:
Statt Forellen schmecken auch Renken sehr gut, die es allerdings nicht immer zu kaufen gibt.

1. Die Forellen unter fließendem kaltem Wasser waschen, trokkentupfen und nur innen mit dem Salz und mit Pfeffer würzen.

2. Die Zitrone waschen und abtrocknen. Ein etwa 10 cm langes Stück Schale dünn abschneiden und fein hacken. Den Saft auspressen. Den Knoblauch schälen und hacken. Die Petersilie waschen, trockenschwenken und ebenfalls hacken.

3. Das Öl in einer Pfanne erhitzen. Die Forellen nebeneinander hineinlegen und bei mittlerer Hitze pro Seite etwa 2 Minuten anbraten, bis die Hautseite leicht gebräunt ist.

4. Die Zitronenschale, den Saft, den Knoblauch und etwa zwei Drittel der Petersilie um die Forellen verteilen. Die Fische zugedeckt bei schwacher Hitze in etwa 10 Minuten garen. Mit dem Rest der Petersilie bestreut und mit dem Bratöl beträufelt anrichten. Dazu passen Kartoffeln.

Polentaschnitten mit Gemüse

Zutaten für 3 Personen:
½ l Gemüsebrühe (Rezept Seite 20 oder natriumarme Instant-Brühe)
175 g Maisgrieß (Polenta)
2½ Teel. streng natriumarmes Salz
1 Ei
6 Eßl. Öl
400 g Zucchini
300 g vollreife Tomaten
je 1 rote und grüne Paprikaschote
1 Gemüsezwiebel
2 Knoblauchzehen
1 Bund Thymian
1 Bund Schnittlauch
schwarzer Pfeffer, frisch gemahlen
Cayennepfeffer

Rezept zum Titelbild

Zubereitungszeit: etwa 1 Std.
(+ etwa 12 Std. Ruhezeit)

Pro Portion etwa:
2100 kJ/500 kcal
13 g EW · 24 g F · 57 g KH
• 43 mg Natrium

1. Die Gemüsebrühe aufkochen. Den Topf von der Kochstelle nehmen. Den Maisgrieß in die Brühe rühren. Wieder auf die Kochstelle setzen und die Polenta zugedeckt bei schwacher Hitze etwa 15 Minuten garen.

2. Die Polenta lauwarm abkühlen lassen. ½ Teelöffel Salz und das Ei mit einer Gabel daruntermischen. Eine Kuchenplatte von etwa 30 x 12 cm mit 1 Teelöffel Öl einpinseln. Die Polenta darauf glattstreichen und über Nacht trocknen lassen.

3. Für das Gemüse die Zucchini waschen, von den Stiel- und Blütenansätzen befreien und in etwa fingerdicke Scheiben schneiden. Die Tomaten häuten und achteln, dabei die Stielansätze herausschneiden. Die Paprikaschoten waschen, vierteln, von den Trennwänden und den Kernen befreien und in Stücke schneiden. Die Zwiebel und die Knoblauchzehen schälen und grob hacken. Den Thymian waschen, die Blättchen abstreifen.

4. Die Polenta in etwa 6 cm große Quadrate schneiden. 2 weitere Eßlöffel Öl in einer Pfanne erhitzen. Die Polentastükke darin bei mittlerer Hitze pro Seite etwa 2 Minuten braten.

5. Das Gemüse mit dem gewaschenen Thymian und dem restlichen Öl in einen Topf geben. Den Topf schließen. Das Gemüse aufkochen und zugedeckt bei schwacher Hitze in etwa 5 Minuten gerade eben bißfest garen.

6. Den Schnittlauch waschen, trockentupfen und in feine Röllchen schneiden. Das Gemüse mit dem Schnittlauch vermischen, mit dem Salz und 1 kräftigen Prise Cayennepfeffer abschmecken und zu den Polentaschnitten servieren.

Süßsaures Gemüse

Zutaten für 4 Personen:
1 Stück frischer Ingwer
100 g gemischtes Trockenobst
⅛ l Wasser
4 Eßl. milder Obst- oder Weinessig
200 g Möhren
200 g Zucchini
2 grüne Paprikaschoten
300 g Tomaten
1 Gemüsezwiebel
1 säuerlicher Apfel (Cox Orange oder Boskop)
3 Eßl. Erdnußöl
Cayennepfeffer
50 g Erdnußkerne
1 Bund Petersilie

Ohne tierisches Fett
Kalorienarm

Zubereitungszeit: etwa 45 Min.
(+ etwa 3 Std. Quellzeit)

Pro Portion etwa:
1200 kJ/290 kcal
8 g EW · 15 g F · 32 g KH
• 67 mg Natrium

1. Die Ingwerwurzel schälen, waschen und fein zerkleinern. Mit dem getrockneten Obst, dem Wasser und dem Essig in eine Schüssel geben und zugedeckt bei Zimmertemperatur etwa 3 Stunden ziehen lassen.

2. Dann die Möhren schälen, die Zucchini von den Stiel- und Blütenansätzen befreien. Beide Gemüse in Stifte schneiden. Die Paprikaschoten waschen, vierteln, von den Trennwänden und den Kernen befreien und in Streifen schneiden. Die Tomaten häuten und achteln, die Zwiebel schälen und grob zerkleinern. Den Apfel gründlich waschen, vierteln, vom Kerngehäuse befreien und in Stücke schneiden.

3. Das Öl in einem großen Topf erhitzen. Alle zerkleinerten Zutaten darin bei mittlerer Hitze unter ständigem Rühren etwa 5 Minuten braten.

4. Das eingeweichte Obst mit der Flüssigkeit dazugeben. Mit 1 kräftigen Prise Cayennepfeffer würzen, einmal aufkochen und zugedeckt etwa 1 Minute kochen lassen.

5. Das Gemüse auf heißen Tellern anrichten. Die Erdnüsse und die Petersilie hacken und darüber streuen. Dazu paßt Reis.

Tip!

Süßsaures Gemüse ist eine Spezialität der asiatischen und der makrobiotischen Küche. Alles, was Sie süßsauer abschmecken können, eignet sich besonders gut für natriumarme Ernährung, denn bei allen diesen Gerichten fällt gar nicht auf, daß Sie nur wenig oder wie im Rezept überhaupt kein Salz brauchen.

Putengeschnetzeltes mit Pilzen

Zutaten für 2 Personen:
½ Päckchen getrocknete Spitzmorcheln (etwa 10 g)
100 ccm Wasser
300 g kleine Zucchini
3 Frühlingszwiebeln
100 g frische Shiitake-Pilze (ersatzweise Champignons)
1 Knoblauchzehe
1 Bund Petersilie
250 g Putenbrust
2 Eßl. Öl
1 Eßl. Zitronensaft
1 Teel. streng natriumarmes Salz
schwarzer Pfeffer, frisch gemahlen
2 Eßl. saure Sahne

Für Gäste

Zubereitungszeit: etwa 45 Min.
(+ etwa 3 Std. Quellzeit)

Pro Portion etwa:
1300 kJ/310 kcal
36 g EW · 14 g F · 8 g KH
• 86 mg Natrium

1. Die Morcheln in dem Wasser zugedeckt etwa 3 Stunden einweichen.

2. Die Pilze dann herausnehmen und in einem Sieb kalt abspülen. Das Wasser durch eine Kaffeefiltertüte gießen, um Sandreste aufzufangen, die sich aus den Pilzhüten gelöst haben. Das Wasser beiseite stellen.

3. Die Zucchini waschen, von den Stiel- und Blütenansätzen befreien und in dünne Stifte schneiden. Die Frühlingszwiebeln putzen, waschen und in dünne Ringe schneiden. Die Stiele der Shiitake-Pilze abschneiden, die Hüte in Streifen schneiden. Den Knoblauch schälen und mit der Petersilie fein hacken. Das Fleisch quer zu den Fasern in dünne Streifen schneiden.

4. In einer Pfanne 1 Eßlöffel Öl erhitzen. Das Fleisch darin bei mittlerer bis starker Hitze unter ständigem Wenden anbraten, bis es sich weiß färbt. Herausnehmen und auf einen Teller geben.

5. Den Rest des Öls in der Pfanne erhitzen. Die Morcheln, die Zucchini, die Frühlingszwiebeln, die Shiitake-Pilze, den Knoblauch und etwa die Hälfte der Petersilie in die Pfanne geben und bei mittlerer Hitze unter ständigem Wenden etwa 2 Minuten braten, bis die Zwiebelröllchen intensiv grün sind.

6. Das Wasser der Pilze, den Zitronensaft, das Salz und Pfeffer hinzufügen und einmal aufkochen. Das Fleisch daruntermischen und alles bei starker Hitze einige Male umrühren, bis das Fleisch heiß ist.

7. Das Geschnetzelte auf heißen Tellern anrichten und auf jede Portion 1 Löffel saure Sahne setzen. Den Rest der Petersilie darüber streuen. Dazu passen Pellkartoffeln, Nudeln oder Reis und Salat.

Kartoffeln in Kokosmilch mit Puffern

Zutaten für 4 Personen:
600 g Zucchini
80 g Mehl
2 kleine Eier
1 Teel. streng natriumarmes Salz
1 kg festkochende Kartoffeln
1 Zwiebel
1 Knoblauchzehe
1 grüne Pfefferschote
5 Eßl. Erdnußöl
1 Eßl. Currypulver
1 Dose Kokosmilch (165 ccm, siehe Tip Seite 50)
1/8 l Gemüsebrühe (Rezept Seite 20 oder natriumarme Instant-Brühe)
1 großes Bund Schnittlauch

Raffiniert
Braucht etwas Zeit

Zubereitungszeit: etwa 1 1/2 Std.

Pro Portion etwa:
1800 kJ/430 kcal
13 g EW · 17 g F · 57 g KH
• 77 mg Natrium

1. Zuerst den Teig für die Puffer zubereiten. Die Zucchini waschen, abtrocknen und grob raspeln. Mit dem Mehl, den Eiern und dem Salz verrühren und zugedeckt stehenlassen.

2. Die Kartoffeln schälen, waschen und würfeln. Die Zwiebel und den Knoblauch schälen und fein hacken. Die Pfefferschote halbieren, den Stielansatz und alle Kerne entfernen, die Schotenhälften waschen und in feine Streifen schneiden.

3. In einem Topf 1 Eßlöffel Öl erhitzen. Die Kartoffeln, die Zwiebel, den Knoblauch und die Pfefferschote darin bei mittlerer Hitze unter Rühren etwa 2 Minuten braten.

4. Das Currypulver daruntermischen. Die Kokosmilch und die Gemüsebrühe dazugießen, aufkochen und die Kartoffeln zugedeckt bei schwacher Hitze in etwa 15 Minuten weich garen.

5. Während die Kartoffeln garen, die Zucchinipuffer backen. Dafür nach und nach das restliche Öl in einer Pfanne erhitzen. Die Zucchinipuffer portionsweise darin backen. Pro Puffer jeweils 1 1/2 Eßlöffel Zucchiniteig in die Pfanne geben. Die Puffer bei schwacher bis mittlerer Hitze etwa 4 Minuten braten, bis sie sich leicht vom Pfannenboden lösen lassen. Dann wenden und auf der zweiten Seite weitere 3 Minuten braten. Die gebackenen Puffer warm halten.

6. Den Schnittlauch waschen, trockentupfen und in feine Röllchen schneiden und unter die Kartoffeln mischen. Die Kartoffeln und die Zucchinipuffer auf vorgewärmten Tellern anrichten und sofort servieren.

Tip!

Pfefferschoten (Chilischoten) – egal ob grün oder rot, frisch oder getrocknet – sind sehr scharf. Das kommt durch einen bestimmten Inhaltsstoff, das Capsaicin, der beim Putzen der Schoten sogar an den Fingern haften bleibt. Deshalb während des Vorbereitens nicht die Augen reiben. Gleich danach die Hände gründlich waschen. Und die Schoten grundsätzlich so aufbewahren, daß zum Beispiel Kinder nicht dran können.

Dieses würzig-exotische Gericht beweist, wie raffiniert und gleichzeitig gesund vegetarische Küche sein kann.

JUSTINUS

Huhn mit Zucchini und Tomatenreis

Zutaten für 4 Personen:
750 g Zucchini
2 Hühnerbrüstchen (je etwa 200 g)
1 Zwiebel
1 Knoblauchzehe
½ unbehandelte Zitrone
1 Bund Schnittlauch
200 g Natur-Langkornreis
300 ccm Gemüsebrühe (Rezept Seite 20 oder natriumarme Instant-Brühe)
250 g vollreife Tomaten
1 Eßl. Erdnußöl
1 Teel. Butter
1 Teel. streng natriumarmes Salz
100 g Sahne

Raffiniert • Kaliumreich

Zubereitungszeit: etwa 1 Std.

Pro Portion etwa:
1300 kJ/310 kcal
31 g EW · 14 g F · 37 g KH
• 86 mg Natrium

1. Die Zucchini waschen, putzen und in knapp fingerdicke Scheiben schneiden. Die Hühnerbrüstchen häuten, von den Knochen lösen und quer zu den Fasern in Streifen schneiden.

2. Die Zwiebel und den Knoblauch schälen und fein hacken. Die Zitronenschale dünn abschneiden und fein hacken. Den Saft auspressen. Den Schnittlauch fein zerkleinern.

3. Den Reis mit der Gemüsebrühe aufkochen und zugedeckt bei schwächster Hitze etwa 30 Minuten garen.

4. Die Tomaten häuten und würfeln. Unter den Reis mischen und weitere 15 Minuten garen.

5. Das Öl in einer Pfanne erhitzen. Die Fleischstreifen darin bei starker bis mittlerer Hitze unter Wenden etwa 3 Minuten braten, bis sie leicht gebräunt sind. Auf einem Teller beiseite stellen.

6. Die Butter in die Pfanne geben. Die Zucchini, die Zwiebel, den Knoblauch und die Zitronenschale hinzufügen und alles bei starker bis mittlerer Hitze unter Rühren etwa 2 Minuten braten.

7. Das Fleisch, den Zitronensaft, das Salz und die Sahne dazugeben und unter Rühren erhitzen, aber nicht mehr aufkochen. Mit dem Schnittlauch bestreut zum Tomatenreis servieren.

Tofu mit Sprossen

Zutaten für 4 Personen:
1 kg Chinakohl
2 Knoblauchzehen
200 g Sojasprossen
250 g Tofu
50 g beliebige Nußkerne
1 Stück frischer Ingwer
4 Eßl. Sonnenblumenöl
3 Eßl. Wasser
1½ Teel. streng natriumarmes Salz
Cayennepfeffer
Saft von 1 kleinen Zitrone

Kalorienarm

Zubereitungszeit: etwa 1 Std.

Pro Portion etwa:
1090 kJ/260 kcal
11 g EW · 21 g F · 6 g KH
• 24 mg Natrium

1. Den Chinakohl waschen und in feine Streifen schneiden. Die Knoblauchzehen schälen und hacken. Die Sprossen kalt abspülen und abtropfen lassen. Den Tofu würfeln, die Nüsse grob hacken. Die Ingwerwurzel schälen und fein zerkleinern.

2. In einer großen Pfanne 1 Eßlöffel Öl erhitzen. Den Chinakohl und den Knoblauch darin bei starker bis mittlerer Hitze unter Rühren anbraten, bis der Kohl bißfest ist. Beiseite stellen.

3. 1 weiteren Eßlöffel Öl in die Pfanne geben. Die Sprossen darin knapp 1 Minute braten. Zum Chinakohl geben.

4. Das restliche Öl in der Pfanne erhitzen. Den Tofu darin bei mittlerer Hitze unter Wenden braten, bis er eine Kruste hat.

5. Den Kohl und die Sprossen wieder dazugeben, die Nußkerne, den Ingwer und das Wasser hinzufügen. Alles bei starker Hitze erhitzen. Das Gericht mit dem Salz, Cayennepfeffer und dem Zitronensaft abschmecken.

Bild oben:
Huhn mit Zucchini und Tomatenreis
Bild unten:
Tofu mit Sprossen

Schellfisch mit Gemüse

Nehmen Sie am besten das Schwanzstück vom Schellfisch: Es schmeckt für dieses Gericht am besten. Gut geeignet sind auch Forellen oder – die etwas teurere – Lotte. Wenn Sie weniger Butter essen wollen, schlagen Sie die Sauce nicht auf, sondern mischen nur 1 oder 2 Eßlöffel Crème fraîche unter das Gemüse.

Zutaten für 4 Personen:
500 g Tomaten
300 g Möhren
1 Fenchelknolle (etwa 200 g)
1 Bund Frühlingszwiebeln
1 Stück Schellfisch von etwa 800 g
3 Teel. streng natriumarmes Salz
schwarzer Pfeffer, frisch gemahlen
1 kleine unbehandelte Zitrone
1 großes Bund Petersilie
1 Eßl. Olivenöl
1/8 l trockener Weißwein
(ersatzweise Wasser und
1 Eßl. Zitronensaft)
50 g Butter

Kaliumreich

Zubereitungszeit: etwa 1 Std.

Pro Portion etwa:
1500 kJ/360 kcal
38 g EW · 14 g F · 14 g KH
• 327 mg Natrium

1. Die Tomaten häuten und würfeln, dabei die Stielansätze entfernen. Die Möhren schälen und in dünne Stifte schneiden. Den Fenchel halbieren, waschen, vom Strunk befreien und in dünne Streifen schneiden. Die Frühlingszwiebeln putzen, waschen und fein zerkleinern.

2. Den Fisch auf die Arbeitsfläche legen und trockentupfen. Mit 2 Teelöffeln Salz und mit Pfeffer einreiben. Die Zitrone heiß waschen und abtrocknen. Die Schale etwa zur Hälfte dünn abschneiden und hacken. Den Saft auspressen. Die Petersilienstiele abschneiden und mit der Zitronenschale in die Bauchöffnung des Fisches geben. Etwa die Hälfte des Zitronensaftes über den Fisch träufeln.

3. Das Öl in einem Schmortopf erhitzen. Die Möhren, den Fenchel und die Frühlingszwiebeln darin bei mittlerer Hitze etwa 1 Minute unter Rühren anbraten. Die Tomaten daruntermischen und alles mit dem restlichen Salz würzen.

4. Den Fisch auf das Gemüse legen. Den Weißwein rundherum dazugießen. Den Topf schließen und den Fisch bei mittlerer Hitze etwa 15 Minuten garen.

5. Den Fisch vorsichtig herausnehmen und auf eine vorgewärmte Platte legen. Das Gemüse mit einem Schaumlöffel so herausnehmen, daß möglichst viel Flüssigkeit und ein Teil der Tomaten im Topf bleiben. Das Gemüse um den Fisch verteilen und alles zugedeckt warm halten, bis die Sauce fertig ist.

6. Die Butter in Flöckchen teilen und in die Sauce geben. Mit den Quirlen des Handrührgerätes bei mittlerer Schaltstufe aufschlagen, bis eine dickflüssige Sauce entstanden ist.

7. Die Petersilie sehr fein hacken und unter die Sauce mischen. Die Sauce mit dem restlichen Zitronensaft würzen.

8. Die Sauce über den Fisch gießen oder gesondert dazu reichen. Dazu passen Kartoffeln.

Gerichte wie dieses, die reichlich Kalium enthalten, sind besonders gut, wenn Sie auf Natrium achten müssen.

Schrotmüsli mit Obst und Nüssen

Zutaten für 2 Personen:
40 g Sechskorngetreide
250 g Kefir
250 g Zwetschgen, Birnen und Äpfel gemischt
50 g beliebige Nußkerne
2 Eßl. Sahne
1 Eßl. Obstdicksaft

Kaliumreich

Zubereitungszeit: etwa 15 Min. (+ etwa 5 Std. Quellzeit)

Pro Portion etwa:
1700 kJ/400 kcal
12 g EW · 24 g F · 37 g KH
• 76 mg Natrium

1. Das Getreide in der Getreidemühle grob schroten, mit dem Kefir verrühren und zugedeckt im Kühlschrank etwa 5 Stunden quellen lassen.

2. Das Obst waschen. Die Zwetschgen halbieren und entsteinen, die Birne und den Apfel vierteln und vom Kerngehäuse befreien. Alle Früchte mundgerecht zerkleinern. Die Nüsse hacken.

3. Die Sahne und den Obstdicksaft unter den Schrotbrei mischen. Das Müsli auf Tellern verteilen. Das Obst darauf anrichten und mit den Nüssen bestreuen.

Tip!

Vor allem im Sommer den Frischkornbrei unbedingt im Kühlschrank quellen lassen, damit sich keine schädlichen Bakterien bilden können.

Haferflocken mit Kirschen

Zutaten für 3 Personen:
500 g Kirschen
50 g beliebige Nußkerne
50 g zartbittere Schokolade
125 g feine Haferflocken
¼ l Milch
100 g Sahne
1 Teel. Vanillezucker

Gelingt leicht

Zubereitungszeit: etwa 30 Min.

Pro Portion etwa:
2400 kJ/575 kcal
15 g EW · 31 g F · 60 g KH
• 63 mg Natrium

1. Die Kirschen waschen, von den Stielen zupfen, entsteinen und auf Tellern verteilen. Die Nüsse hacken, die Schokolade reiben.

2. Die Haferflocken über die Kirschen streuen, die Milch darüber gießen.

3. Die Sahne mit dem Vanillezucker steif schlagen und in Tupfen auf die Haferflocken setzen. Mit den Nüssen und der Schokolade bestreuen.

Obstsalat mit Kokossahne

Zutaten für 4 Personen:
600 g Pfirsiche, Nektarinen und Himbeeren gemischt
1 Kiwi
100 g Sahne
50 ccm Kokosmilch (siehe Tip)
1 Teel. Honig
75 g beliebige Nußkerne

Kaliumreich

Zubereitungszeit: etwa 30 Min.

Pro Portion etwa:
1000 kJ/240 kcal
6 g EW · 19 g F · 15 g KH
• 20 mg Natrium

1. Die Pfirsiche häuten, die Nektarinen waschen. Beide Früchte halbieren, entsteinen und in Stücke schneiden. Die Himbeeren verlesen, die Kiwi schälen und in Scheiben schneiden. Das Obst auf Schälchen verteilen.

2. Die Sahne steif schlagen, mit der Kokosmilch und dem Honig vermischen und über das Obst geben. Die Nüsse hacken und darüber streuen.

Tip!

Den aromatischen Extrakt von Kokosnußfleisch gibt es als flüssige Kokosmilch in Dosen oder feste Kokoscreme im Block zu kaufen. Beides bekommen Sie in Asien-Läden.

Hirse mit Zwetschgen

Zutaten für 4 Personen:
100 g Hirse
400 ccm Milch o. Wasser
1 Stück unbehandelte Zitronenschale
¼ Teel. Zimtpulver
1 Eßl. Honig
750 g Zwetschgen
200 g Sahne
1 Teel. Butter
50 g Sonnenblumenkerne

Gelingt leicht

Zubereitungszeit: etwa 45 Min.

Pro Portion etwa:
2100 kJ/500 kcal
11 g EW · 28 g F · 49 g KH
• 70 mg Natrium

1. Die Hirse mit der Milch, der Zitronenschale und dem Zimtpulver aufkochen und zugedeckt bei schwächster Hitze in etwa 20 Minuten weich garen.

2. Den Topf von der Kochstelle nehmen und die Hirse abkühlen lassen. Die Zitronenschale entfernen, den Honig unter die Hirse mischen.

3. Während die Hirse abkühlt, die Zwetschgen waschen, halbieren, entsteinen und in kleine Stücke schneiden. Die Sahne steif schlagen.

4. Die Butter in einer kleinen Pfanne zerlassen und die Sonnenblumenkerne darin bei schwacher Hitze unter ständigem Rühren goldbraun rösten.

5. Die Zwetschgen und die Sahne unter die Hirse ziehen. Die Hirse auf Schälchen verteilen. Die Sonnenblumenkerne darüber streuen.

Tip!

Hirse liefert von den Getreidesorten, die schnell garen, am meisten Kalium. Sie ist deshalb besonders günstig, wenn Sie wegen Bluthochdruck auf Ihre Ernährung achten müssen. Hirse schmeckt auch wie Reis als Beilage, Suppeneinlage oder Eintopf.

Varianten:
Im Sommer die Hirse mit Pfirsichen oder Kirschen zubereiten. Im Winter schmecken eingeweichte Trockenfrüchte oder tiefgefrorenes Obst.

Rote Grütze

Zutaten für 4 Personen:
300 g Sauerkirschen
500 g gemischte Beeren (Erdbeeren, Brombeeren, Johannisbeeren und Himbeeren)
¼ l ungesüßter roter Fruchtsaft
50 g Zucker
1 Stück unbehandelte Zitronenschale
30 g Speisestärke

Gelingt leicht
Kaliumreich

Zubereitungszeit: etwa 45 Min.
(+ etwa 5 Std. Kühlzeit)

Pro Portion etwa:
780 kJ/190 kcal
2 g EW · 1 g F · 42 g KH
• 3 mg Natrium

1. Die Sauerkirschen waschen, abzupfen und entsteinen. Die Beeren verlesen, vorsichtig waschen und ebenfalls von den Stielen zupfen.

2. Die Kirschen, die Beeren, drei Viertel des Fruchtsaftes, den Zucker und die Zitronenschale in einem Topf aufkochen.

3. Die Speisestärke mit dem Rest des Saftes glattrühren und unter das Obst mischen. Die Grütze unter ständigem Rühren einmal aufkochen, bis sie dick wird. Die Zitronenschale entfernen.

4. Die Grütze auf Dessertschalen verteilen und vor dem Servieren etwa 5 Stunden kühlen. Dazu paßt Sahne oder Vanillesauce.

Eierkuchen mit Aprikosen und Quark

Zutaten für 4 Personen:
Für den Teig:
100 g Mehl
1 Messerspitze streng natriumarmes Salz
¼ l Wasser
2 Eier
Zum Backen: etwa 2 Eßl. Öl
Für die Füllung:
500 g Aprikosen
2 Eßl. Apfelsaft
250 g Magerquark
50 g Zucker
abgeriebene Schale von 1/2 unbehandelten Zitrone
½ Teel. gemahlene Vanille
125 g Sahne
100 g gemahlene Haselnußkerne
1 Teel. Zimtpulver

Süßes Hauptgericht

Zubereitungszeit: etwa 1¼ Std.

Pro Portion etwa:
2400 kJ/570 kcal
19 g EW · 34 g F · 48 g KH
• 72 mg Natrium

1. Das Mehl mit dem Salz und dem Wasser in einer Schüssel verrühren. Die Eier daruntermischen. Den Teig zugedeckt ruhen lassen, bis die Aprikosen vorbereitet sind.

2. Die Aprikosen waschen, halbieren und entsteinen. Mit dem Apfelsaft in einem Topf aufkochen und zugedeckt bei schwacher Hitze in etwa 5 Minuten weich kochen. Die Aprikosenhäute, die sich durch das Garen abgelöst haben, herausfischen und wegwerfen. Die Aprikosen auf einem Sieb abtropfen lassen, den Saft dabei auffangen.

3. Zum Backen der Eierkuchen eine Pfanne bei starker Hitze so heiß werden lassen, daß ein Wassertropfen darin zischend verdampft. 1 Eßlöffel Öl hinzufügen und die Pfanne schwenken, damit sich das Öl verteilt.

4. Etwa ½ Schöpfkelle Teig in die Pfanne geben und ebenfalls durch Schwenken gleichmäßig verteilen. Den Eierkuchen zugedeckt bei mittlerer Hitze auf der Unterseite etwa 3 Minuten backen, bis der Teig an der Oberseite nicht mehr flüssig ist und die Ränder des Eierkuchens sich nach oben biegen. Den Eierkuchen wenden und in der offenen Pfanne fertigbacken.

5. Nacheinander auf diese Weise bei mittlerer bis schwacher Hitze noch 7 Eierkuchen backen; zwischendurch die Pfanne leicht ölen. Die Eierkuchen bei 50° im Backofen warm halten.

6. Den Quark mit drei Viertel des Zuckers, der Zitronenschale und der Vanille verrühren. Die Sahne steif schlagen und mit den Aprikosen locker unter den Quark mischen.

7. Jeweils 2 Eierkuchen mit Quark-Aprikosen-Creme füllen, zusammenklappen und auf einem Teller anrichten. Den aufgefangenen Saft um die Eierkuchen träufeln.

8. Die Nüsse mit dem restlichen Zucker und dem Zimt vermischen und über die Eierkuchen streuen.

Tip!

Aprikosen gibt es im Juli und August aus deutschen Anbaugebieten, außerhalb dieser Saison aus südlichen europäischen Ländern. Voll ausgereifte Früchte mit weißem, gelbem oder orangefarbenem Fleisch schmecken so aromatisch, daß man sie roh essen kann. Für das Rezept oben also nur waschen, zerkleinern und mit dem Quark mischen. Die wässrigen oder schon mehligen und zuckerarmen Früchte dagegen, die man leider meist bekommt, schmecken besser gegart.

Auch auf Süßes müssen Sie nicht verzichten, wenn Sie sich natriumarm ernähren möchten oder müssen.

Quark-schmarren mit Rhabarber

Zutaten für 2 Personen:
250 g Rhabarber
300 g Erdbeeren
1 Stück unbehandelte Zitronenschale
50 g Zucker
250 g Magerquark
2 Eier
1 Messerspitze streng natriumarmes Salz
100 g Mehl
3 Eßl. Öl

Preiswert
Gelingt leicht

Zubereitungszeit: etwa 50 Min.

Pro Portion etwa:
2700 kJ/640 kcal
31 g EW · 23 g F · 79 g KH
• 120 mg Natrium

1. Für das Kompott den Rhabarber waschen, putzen und in etwa fingerbreite Stücke schneiden. Die Erdbeeren waschen und abzupfen.

2. Den Rhabarber mit der Zitronenschale und zwei Drittel des Zuckers in einem Topf aufkochen und zugedeckt bei schwacher Hitze etwa 10 Minuten garen, bis er weich ist. In eine Schüssel geben und mit den Erdbeeren vermischen.

3. Für den Schmarren den Quark mit dem restlichen Zucker, den Eiern, dem Salz und dem Mehl verrühren.

4. Das Öl in einer großen Pfanne erhitzen. Den Quarkteig darin glattstreichen und zugedeckt bei schwacher Hitze etwa 10 Minuten backen, bis er an der Unterseite hellbraun ist und sich ablösen läßt.

5. Die Teigplatte wenden und auf der zweiten Seite weitere 5 Minuten in der offenen Pfanne backen. Mit dem Pfannenmesser in mundgerechte Stücke zerteilen. Die Stücke bei mittlerer bis starker Hitze unter ständigem Wenden etwa 10 Minuten backen. Heiß mit dem Kompott servieren.

Bananencreme mit Orangen

Zutaten für 4 Personen:
¼ l Milch
2 Teel. Vanillezucker
2 Eier
2 Teel. Honig
50 g Mehl
1 unbehandelte Orange
3 reife Bananen
150 g Sahne

Gelingt leicht
Kaliumreich

Zubereitungszeit: etwa 45 Min.
(+ etwa 1 Std. Kühlzeit)

Pro Portion etwa:
1500 kJ/360 kcal
9 g EW · 18 g F · 39 g KH
• 77 mg Natrium

1. Die Milch mit dem Vanillezucker in einem Topf bis knapp unter den Siedepunkt erhitzen und heiß halten.

2. Die Eier mit dem Honig in einem anderen Topf zu einer dicken Creme aufschlagen. Das Mehl darunterrühren. Die Milch unter ständigem Rühren dazugießen.

3. Den Topf auf die Kochstelle setzen und die Creme unter ständigem Weiterrühren aufkochen, bis sie dick wie Pudding ist.

4. Den Topf in eine Schüssel mit kaltem Wasser und einigen Eiswürfeln stellen und die Creme so lange rühren, bis sie kalt ist.

5. Die Orange waschen und abtrocknen. Etwa ein Drittel der Schale dünn abreiben. Den Saft auspressen. Die Bananen zerdrücken. Die Sahne steif schlagen.

6. Alle diese Zutaten unter die Creme ziehen. Die Bananencreme auf Dessertschälchen verteilen und vor dem Servieren etwa 1 Stunde kühlen.

Süße Grießschnitten mit Erdbeeren

Zutaten für 4 Personen:
180 g Weizenvollkorngrieß
600 ccm Milch
etwas abgeriebene Schale von
1 unbehandelten Zitrone
1 Teel. Vanillezucker
80 g Haselnußkerne
4 Eier
50 g Butter
75 g Zucker
1 kg Erdbeeren
eventuell 2 cl Orangenlikör
Für die Form: Butter und fein
geriebenes Knäckebrot

Gelingt leicht • Raffiniert

Zubereitungszeit: etwa 1 3/4 Std.

Pro Portion etwa:
3000 kJ/710 kcal
21 g EW · 37 g F · 78 g KH
• 140 mg Natrium

1. Den Grieß mit der Milch, der abgeriebenen Zitronenschale und dem Vanillezucker aufkochen und bei schwacher Hitze etwa 2 Minuten garen; dabei ständig umrühren.

2. Den Topf von der Kochstelle nehmen und den Grieß lauwarm abkühlen lassen. Die Haselnüsse fein mahlen. Die Eier trennen.

3. Die Butter mit zwei Dritteln des Zuckers schaumig rühren. Zuerst die Eigelbe, dann eßlöffelweise den Grießbrei unter die Buttermischung rühren. Die Eiweiße sehr steif schlagen und auf den Teig geben. Die Nüsse darüber streuen. Alles vorsichtig vermischen.

4. Eine ofenfeste Form mit niedrigem Rand mit Butter ausstreichen und mit Knäckebrot ausstreuen. Den Teig darin glattstreichen.

5. Die Form mit dem Rost in den kalten Backofen (Mitte) stellen. Den Ofen auf 180° (Umluft 160°, Gas Stufe 3) schalten. Den Grieß etwa 45 Minuten backen.

6. Inzwischen die Erdbeeren waschen, abzupfen und in Stücke schneiden. Mit dem restlichen Zucker und eventuell dem Orangenlikör vermischen und auf Tellern anrichten.

7. Den Grieß aus dem Ofen nehmen und 10 Minuten ruhen lassen. Mit einem scharfen Messer in Stücke schneiden und neben den Erdbeeren anrichten.

Nektarinencreme

Zutaten für 4 Personen:
750 g Nektarinen
150 g Magerjoghurt
1 Eßl. Honig
2 cl Orangenlikör (ersatzweise je
1 Eßl. Apfelsaft und Zitronensaft)
200 g Sahne
8 Löffelbiskuits

Schnell • Gelingt leicht

Zubereitungszeit: etwa 45 Min.

Pro Portion etwa:
1500 kJ/360 kcal
6 g EW · 17 g F · 44 g KH
• 60 mg Natrium

1. Die Nektarinen waschen, halbieren und entsteinen. Mit dem Joghurt, dem Honig und dem Likör oder Saft im Mixer pürieren.

2. Die Sahne steif schlagen und unter die Nektarinencreme ziehen. Die Creme auf Dessertschälchen verteilen und mit den Löffelbiskuits anrichten.

Waffeln mit Apfel-Preiselbeerkompott

Zutaten für 4 Personen:
100 g entsteinte Trockenpflaumen
750 g säuerliche Äpfel
(Cox Orange oder Boskop)
1 Glas ungesüßtes Preiselbeerkompott (etwa 320 g; Reformhaus)
125 g Butter
1 Teel. Vanillezucker
abgeriebene Schale von
½ unbehandelten Zitrone
je ½ Teel. Zimt- und Ingwerpulver
1 Prise Muskatnuß, frisch gerieben
3 Eier
150 g Mehl
⅛ l Milch
Für das Waffeleisen: Fett

Süßes Hauptgericht

Zubereitungszeit: etwa 45 Min.

Pro Portion etwa:
2700 kJ/640 kcal
12 g EW · 35 g F · 68 g KH
• 79 mg Natrium

1. Für das Kompott die Pflaumen grob zerkleinern. Die Äpfel vierteln, schälen, vom Kerngehäuse befreien und in Stücke schneiden. Die Preiselbeeren abgießen, den Saft dabei auffangen.

2. Die Äpfel mit den Pflaumen und dem Preiselbeersaft in einem Topf aufkochen und zugedeckt bei schwacher Hitze etwa 5 Minuten garen. Das Kompott in eine Schüssel geben und mit den Preiselbeeren vermischt ziehen lassen, bis die Waffeln fertig sind.

3. Für die Waffeln die Butter schaumig rühren. Den Vanillezucker, die Zitronenschale, den Zimt, den Ingwer und den Muskat daruntermischen. Zuerst nacheinander die Eier, dann das Mehl und zum Schluß die Milch darunterrühren. Den Teig zugedeckt etwa 15 Minuten quellen lassen.

4. Die Backflächen des Waffeleisens fetten. Jeweils etwa 1½ Eßlöffel Teig hineingeben und 3–4 Minuten backen. Die Waffeln heiß oder kalt zum Kompott servieren.

Auflauf mit Kirschen

Zutaten für 4 Personen:
500 g Sauerkirschen
75 g Zucker
1 Teel. Zimtpulver
100 g Mehl
1 Messerspitze Backpulver
300 ccm Milch
1 Teel. Vanillezucker
abgeriebene Schale von
¼ unbehandelten Zitrone
5 Eier

Spezialität aus Frankreich

Zubereitungszeit: etwa 1¼ Std.

Pro Portion etwa:
1600 kJ/380 kcal
15 g EW · 11 g F · 53 g KH
• 120 mg Natrium

1. Die Sauerkirschen waschen, abzupfen, entsteinen und in eine flache ofenfeste Form mit niedrigem Rand geben. Den Zucker und den Zimt vermischen und darüber streuen.

2. Das Mehl mit dem Backpulver in einer Schüssel vermischen. Die Milch dazugießen und alles mit den Quirlen des Handrührgerätes zu einem glatten Teig vermischen. Den Vanillezucker und die Zitronenschale hinzufügen.

3. Die Eier trennen. Die Eigelbe nacheinander unter den Teig rühren. Die Eiweiße steif schlagen und mit dem Schneebesen darunterziehen.

4. Den Teig über den Kirschen glattstreichen. Die Form mit dem Rost in den kalten Backofen (unten) stellen. Den Ofen auf 200° (Umluft 180°, Gas Stufe 4) schalten. Den Auflauf etwa 50 Minuten backen, bis er an der Oberfläche gebräunt ist.

Blaubeerküchlein

Zutaten für 2 Personen:
300 g Blaubeeren
50 g Butter
2 Eier
200 ccm Milch
75 g Mehl
1 Eßl. Vanillezucker
Zum Backen: 1 Eßl. Öl

Süßes Hauptgericht

Zubereitungszeit: etwa 45 Min.

Pro Portion etwa:
2800 kJ/670 kcal
15 g EW · 37 g F · 70 g KH
• 120 mg Natrium

1. Die Blaubeeren waschen und vorsichtig trockentupfen. Die Butter in einem kleinen Pfännchen zerlassen, aber nicht bräunen. Die Eier trennen.

2. Die Milch in eine Schüssel geben. Das Mehl darüber sieben und mit den Quirlen des Handrührgerätes unterrühren. Die Eigelbe und den Vanillezucker daruntermischen.

3. Die Butter in dünnem Strahl dazugießen und rühren, bis ein glatter Teig entstanden ist. Die Blaubeeren mit einer Gabel daruntermischen. Die Eiweiße steif schlagen und darunterziehen.

4. Eine Pfanne heiß werden lassen. Mit etwas Öl auspinseln. Kleine Küchlein von je etwa 2 Eßlöffel Teig in die Pfanne setzen und bei mittlerer Hitze auf der Unterseite etwa 3 Minuten backen, bis sie sich leicht ablösen lassen.

5. Die Blaubeerküchlein wenden und auf der zweiten Seite noch einmal 1–2 Minuten backen. Herausnehmen und heiß oder lauwarm servieren.

Zwetschgenklöße

Zutaten für 4 Personen:
500 g Magerquark
150 g Weizengrieß
50 g Weizenvollkornmehl
1 Ei
50 g Zucker
abgeriebene Schale von
1/4 unbehandelten Zitrone
12 reife Zwetschgen
2 Teel. streng natriumarmes Salz
50 g Butter
30 g Semmelbrösel
1 Teel. Zimtpulver

Spezialität aus Österreich

Zubereitungszeit: etwa 1 Std.

Pro Portion etwa:
1900 kJ/450 kcal
25 g EW · 13 g F · 59 g KH
• 68 mg Natrium

1. Ein Sieb mit einem Mulltuch auslegen. Den Quark hineingeben und über Nacht abtropfen lassen.

2. Den Quark mit dem Grieß, dem Mehl, dem Ei, 1 Teelöffel Zucker und der Zitronenschale zu einem glatten Teig verrühren.

3. Die Zwetschgen waschen, abtrocknen und halbieren, dabei aber nicht ganz durchschneiden. Die Kerne herauslösen.

4. Vom Teig jeweils ein walnußgroßes Stück abnehmen und flachdrücken. Eine Zwetschge darauf legen und vollkommen mit dem Teig umhüllen. Den Teig und die Zwetschgen auf diese Weise zu Klößen verarbeiten.

5. In einem großen Topf reichlich Wasser mit dem Salz aufkochen. Die Klöße in das sprudelnd kochende Wasser geben, dann bei schwacher Hitze etwa 15 Minuten sanft kochen lassen. Den Deckel nur halb auf den Topf legen.

6. Inzwischen die Butter zerlassen. Die Semmelbrösel hinzufügen und bei mittlerer Hitze unter Rühren leicht anrösten.

7. Die Klöße abtropfen lassen und auf heißen Tellern anrichten. Die Semmelbrösel darüber verteilen. Den restlichen Zucker mit dem Zimt vermischen und darüber streuen.

Im Bild oben: Blaubeerküchlein
Im Bild unten: Zwetschgenklöße

Jeden Tag natriumarm essen

Nach den Empfehlungen von Ernährungwissenschaftlern finden Sie hier übersichtlich verschiedene Tagespläne aus den Rezepten dieses Buches zusammengestellt: Gerichte für Frühstück, Mittag- und Abendmahlzeit, deren Natriumgehalt insgesamt jeweils unter der empfohlenen Höchstmenge bleibt. Damit Sie auch zwischen diesen Hauptmahlzeiten noch etwas essen können, ohne Ihr persönliches Limit zu überspringen, finden Sie auch dazu bei den Tagesplänen Vorschläge – jeweils nach den Hauptmahlzeiten. Wenn Sie diese Zwischenmahlzeiten selbst auswählen, sollten Sie einen Blick in die Tabelle auf Seite 5 werfen, damit Sie nicht zu natriumreiche Lebensmittel nehmen. So können Sie ziemlich sicher sein, in dem Rahmen zu bleiben, den Experten für die tägliche Natriumzufuhr empfehlen.

Gesunde Menschen sollten höchstens 2400 mg Natrium pro Tag zu sich nehmen. Unter diesem Grenzwert bleiben Sie mit:

- Schrotmüsli mit Obst und Nüssen (Rezept Seite 50)
- Kartoffelgratin mit Morcheln (Rezept Seite 40) und Zucchinisalat mit Tomaten und Pilzen (Pilze eventuell weglassen; Rezept Seite 6);
- Schellfisch mit Gemüse (Rezept Seite 48)
- außerdem:
  3 Scheiben Roggen(vollkorn)-brot, 100 g körniger Frischkäse und 150 g Brathering oder 100 g gekochter Schinken als »Wochenration«;

Menschen mit zu hohem Blutdruck sollten weniger Natrium aufnehmen. Empfehlenswert für Hypertoniker sind 1800 mg Natrium pro Tag. Unter diesem Grenzwert bleiben Sie mit:

- Hirse mit Zwetschgen (Rezept Seite 51)
- Avocados mit Krabben (Rezept Seite 30), danach Rote Grütze (Rezept Seite 51)
- Chicoréesalat mit Weintrauben (Rezept Seite 11), danach Steckrüben mit Kartoffelfrikadellen (Rezept Seite 32)
- außerdem:
  3 Scheiben Weißbrot oder Roggenmischbrot, 150 g Joghurt und 200 g körniger Frischkäse oder 100 g Leberkäse als »Wochenration«

Zum Schluß noch ein Wert, der Ihnen vielleicht winzig erscheint, für Hypertoniker aber geradezu ideal ist. Und natürlich können Sie so salzarm auch essen, wenn Sie völlig gesund sind: 1200 mg Natrium pro Tag. Das entspricht – medizinisch gesehen – einer streng natriumarmen Ernährung, reicht aber vollkommen aus zur Versorgung mit diesem Mineralstoff. Dieses Limit erreichen Sie etwa:

- Schrotmüsli mit Obst und Nüssen (Rezept Seite 50)
- Bohnensalat mit Rucola (Rezept Seite 14), danach Putengeschnetzeltes mit Pilzen (Rezept Seite 43)
- Glasnudelsalat mit Pilzen (Rezept Seite 12)
- außerdem:
  2 Scheiben Roggenschrotbrot oder Weißbrot und etwa 50 g Käse;

- Haferflocken mit Kirschen (Rezept Seite 50)
- Rettichsalat mit Äpfeln (Rezept Seite 10), danach Grüne Klöße mit Mangoldgemüse (Rezept Seite 36)
- Spitzkohlsalat mit Lamm (Rezept Seite 28)
- außerdem:
  3 Scheiben Weizenvollkornbrot, 50 g Krabben und 250 g Joghurt oder ¼ l Milch;

- Schrotmüsli mit Obst und Nüssen (Rezept Seite 50)
- Weißkohlsalat mit Nüssen (Rezept Seite 10), danach Forellen mit Zitrone und Knoblauch (Rezept Seite 41)
- Marinierter Spargel mit Zuckerschoten (Rezept Seite 14), danach Süße Grießschnitten mit Erdbeeren (Rezept Seite 55)
- außerdem:
  3 Scheiben Roggen(vollkorn)brot, 100 g Camembert und 50 g magere Leberwurst als »Wochenration«;

- Hirse mit Zwetschgen (Rezept Seite 51)
- Marinierte Linsen mit gebratenen Pilzen (Rezept Seite 6) und Pellkartoffeln mit Kräutersauce (Rezept Seite 35)
- Marinierter Fisch mit Sherry (Rezept Seite 27)
- außerdem:
  3 Scheiben Roggenvollkornbrot oder 4 Scheiben Weißbrot und 100 g gekochter Schinken als »Wochenration«.

- Haferflocken mit Kirschen (Rezept Seite 50)
- Nudelsalat mit Tofucroûtons und Pilzen (Rezept Seite 26), danach Nektarinencreme (Rezept Seite 54)
- Kerbelsuppe (Rezept Seite 18), danach Schollen mit Tomaten und Zwiebeln (Rezept Seite 34)
- außerdem:
  2 Scheiben Roggenvollkornbrot und 100 g Edamer;

- Waffeln mit Apfel-Preiselbeerkompott (Rezept Seite 56)
- Gurkensuppe mit Salbei (Rezept Seite 24), danach Huhn mit Zucchini und Tomatenreis (Rezept Seite 46)
- Kartoffelgratin mit Morcheln (Rezept Seite 40)
- außerdem:
  3 Scheiben Weizenvollkornbrot, 150 g Joghurt und 50 g Edelpilzkäse;

- Schrotmüsli mit Obst und Nüssen (Rezept Seite 50)
- Dicke Bohnensuppe mit Lauch (Rezept Seite 16), danach Forellen mit Zitrone und Knoblauch (Rezept Seite 41)
- Rohkost mit Avocadocreme (Rezept Seite 14), danach Zwetschgenklöße (Rezept Seite 59)
  außerdem:
  3 Scheiben Roggen- oder Weizenmischbrot, ¼ l Milch oder 250 g Kefir und 50 g Salami oder Leberkäse als kalte »Wochenration«.

- Hirse mit Zwetschgen (Rezept Seite 51)
- Kräutersalat (Rezept Seite 12), danach Polentaschnitten mit Gemüse (Rezept Seite 42)
- Geflügelsalat (Rezept Seite 27)
- außerdem:
  2 Scheiben Roggenvollkornbrot oder Weizenmischbrot und 60 g Käse;

- Haferflocken mit Kirschen (Rezept Seite 50)
- Bohnensalat mit Nußbroten (Rezept Seite 30)
- Scharf gewürzte Linsensuppe (Rezept Seite 23), danach Tofu mit Sprossen (Rezept Seite 46)
- außerdem:
  1 Scheibe Roggenvollkornbrot und 100 g Leberkäse, Edamer oder Chester als »Wochenration«;

- Schrotmüsli mit Obst und Nüssen (Rezept Seite 50)
- Gemüse mit gebratenen Äpfeln (Rezept Seite 38)
- Reissalat mit Rindfleisch (Rezept Seite 26), danach Bananencreme mit Orangen (Rezept Seite 55)
- außerdem:
  2 Scheiben Weizenvollkornbrot, 150 g Kefir oder Joghurt und 200 g Bückling als »Wochenration«.

REZEPT- UND SACHREGISTER

Zum Gebrauch

Damit Sie Rezepte mit bestimmten Zutaten noch schneller finden können, stehen in diesem Register zusätzlich auch beliebte Zutaten wie Pilze oder kaliumreiche Rezepte – ebenfalls alphabetisch geordnet – über den entsprechenden Rezepten.

IMPRESSUM

Umschlag-Vorderseite:
Das Rezept für Polentaschnitten mit Gemüse finden Sie auf Seite 42.

Die Deutsche Bibliothek – CIP-Einheitsaufnahme:
Salzarm kochen mit Pfiff: GU Moderne Diät; mehr Geschmack durch Kräuter und Gewürze; auch für alle, die einfach weniger Salz nehmen wollen/Barbara Rias-Bucher. – München: Gräfe und Unzer, 1992
(GU-Ernährungs-Ratgeber)
ISBN 3-7742-1192-2
NE: Rias-Bucher, Barbara

1. Auflage 1992

Redaktion: Cornelia Schinharl
Herstellung und Produktion: Michael v. Bressensdorf
Fotos: Georg M. Wunsch
Umschlaggestaltung: Heinz Kraxenberger
Reproduktionen: MB Scan, München
Satz und Druck: Appl, Wemding
Bindung: Sellier, Freising
ISBN 3-7742-1192-2

Dr. Barbara Rias-Bucher,

gebürtige Münchnerin, arbeitete nach Abschluß ihres Studiums bei einem Münchner Verlag. Seit 1976 ist sie als freie Food-Journalistin tätig. Aus Überzeugung und durch positive Erfahrungen bestätigt, arbeitet sie vorwiegend auf den Spezialgebieten vollwertige und vegetarische Ernährung. Durch ihre Bücher, zum Beispiel »Natürlich kochen«, »Vollwert-Kochvergnügen« und »Gesund mit Genuß«, ist sie eine anerkannte Expertin für die moderne, gesunde Ernährung. Besonders gelobt wird, daß ihre Rezepte höchsten kulinarischen Ansprüchen gerecht werden.

Wichtiger Hinweis

Die Rezepte und Ratschläge in diesem Buch stammen von Fachleuten und sind erprobt. Die medizinische Forschung auf diesem Gebiet ist jedoch nicht abgeschlossen, und zu Einzelfragen werden auch von namhaften Wissenschaftlern abweichende Meinungen vertreten. Darüber hinaus reagiert jeder Organismus anders. Deshalb darf eine bestimmte Ernährung – beispielsweise zur Behebung eines Mineralstoff-Mangels – ebenso wie die Einnahme eines bestimmten Medikaments nicht ohne Rücksprache mit dem Hausarzt durchgeführt werden – informieren Sie sich bitte bei ihm.

Essen Sie Schoten oder Samen von Hülsenfrüchten niemals roh. Erst durch ausreichendes Garen wird das darin enthaltene natürliche Gift, das Phasin, unschädlich gemacht. Beim Keimen wird dieses Gift nur teilweise abgebaut; deshalb sollten Sie auch Sojasprossen nicht zu oft und grundsätzlich kurz erhitzt oder blanchiert essen.